新视野教师教育丛书·专业养成系列

# THE COURSE SYLLABUS
## A LEARNING-CENTERED APPROACH
### SECOND EDITION

# 创建以学习为中心的教学
## ——高校课程实施大纲设计与编撰
### (第二版)

〔美〕朱迪思·格鲁纳特·奥布赖恩(Judith Grunert O'Brien)
〔美〕芭芭拉·J.米莉斯(Barbara J. Millis) 著
〔美〕玛格丽特·W.科恩(Margaret W. Cohen)

刘培军 叶颖 周小晓 译
高耀明 审校

著作权合同登记号　图字：01-2013-9085
图书在版编目(CIP)数据

创建以学习为中心的教学：高校课程实施大纲设计与编撰（第 2 版）/（美）朱迪思·格鲁纳特·奥布赖恩（Judith Grunert O'Brien），（美）芭芭拉·J.米莉斯（Barbara J. Millis），（美）玛格丽特·W.科恩（Margaret W. Cohen）著；刘培军，叶颖，周小晓译.—北京：北京大学出版社，2019.3
（新视野教师教育丛书·专业养成系列）
ISBN 978-7-301-30193-7

Ⅰ.①创… Ⅱ.①朱… ②芭… ③玛… ④刘… ⑤叶… ⑥周… Ⅲ.①高等学校—教学大纲—教学设计—研究 Ⅳ.①G642.4

中国版本图书馆 CIP 数据核字（2019）第 001168 号

The course syllabus: a learning-centered approach (second edition) by Judith Grunert O'Brien, Barbara J. Millis, Margaret W. Cohen, ISBN: 978-0-470-19761-5
Copyright © 2008 by John Wiley & Sons, Inc.
All Rights Reserved. This translation published under license. Authorized translation from the English language edition, Published by John Wiley & Sons. No part of this book may be reproduced in any form without the written permission of the original copyrights holder. (本书中文简体版专有翻译出版权由 John Wiley & Sons, Inc. 公司授予北京大学出版社。未经许可，不得以任何手段和形式复制或抄袭本书内容。)
Copies of this book sold without a Wiley sticker on the cover are unauthorized and illegal. (本书封底贴有 Wiley 防伪标签，无标签者不得销售。)

| | |
|---|---|
| 书　　　名 | 创建以学习为中心的教学<br>——高校课程实施大纲设计与编撰（第二版）<br>CHUANGJIAN YI XUEXI WEI ZHONGXIN DE JIAOXUE<br>——GAOXIAO KECHENG SHISHI DAGANG SHEJI YU BIANZHUAN |
| 著作责任者 | 〔美〕朱迪思·格鲁纳特·奥布赖恩（Judith Grunert O'Brien）<br>〔美〕芭芭拉·J.米莉斯（Barbara J. Millis）<br>〔美〕玛格丽特·W.科恩（Margaret W. Cohen）　著<br>刘培军　叶颖　周小晓　译　高耀明　审校 |
| 策 划 编 辑 | 姚成龙 |
| 责 任 编 辑 | 颜克俭 |
| 标 准 书 号 | ISBN 978-7-301-30193-7 |
| 出 版 发 行 | 北京大学出版社 |
| 地　　　址 | 北京市海淀区成府路 205 号　100871 |
| 网　　　址 | http://www.pup.cn　新浪微博：@北京大学出版社 |
| 电 子 信 箱 | zyjy@pup.cn |
| 电　　　话 | 邮购部 010-62752015　发行部 010-62750672　编辑部 010-62704142 |
| 印 刷 者 | 涿州市星河印刷有限公司 |
| 经 销 者 | 新华书店 |
| | 650 毫米×980 毫米　16 开本　10.5 印张　170 千字<br>2019 年 3 月第 1 版　2019 年 3 月第 1 次印刷 |
| 定　　　价 | 38.00 元 |

未经许可，不得以任何方式复制或抄袭本书之部分或全部内容。
版权所有，侵权必究
举报电话：010-62752024　电子信箱：fd@pup.pku.edu.cn
图书如有印装质量问题，请与出版部联系，电话：010-62756370

# 译丛总序

1999年以来,随着我国高校的扩招,各高校的办学规模空前扩大,高校师资的短缺一时成为各高校面临的重要问题。为此,各高校引进了大量的青年教师。与此同时,一些老教师退出教学岗位,使教师队伍进一步年轻化,青年教师已经或即将成为各高校的主力军。1998年,我国普通高校专任教师总数为40.72万人,专任教师在所有教师中的比例占到了39.55%。到了2010年,我国普通高校专任教师总数为134.31万人,专任教师在所有教师中的比例占到了62.28%。可以看到,专任教师增加了93.59万人。在增加的这些专任教师中,大部分为35岁以下的青年教师。5—10年后,这一批青年教师将责无旁贷地挑起教学、科研和管理的重任,成为高校教师队伍的核心力量。一个学校未来几十年的发展,在很大程度上依赖于这一批人。所以,这一部分青年教师的培养和发展问题,是当前我国高校面临的一个现实问题,也是高校能否实现可持续发展的关键所在。

为深入贯彻落实《国家中长期教育改革和发展规划纲要(2010—2020年)》和《国务院关于加强教师队伍建设的意见》(国发〔2012〕41号),进一步加强高等学校青年教师队伍建设,教育部、中央组织部、中央宣传部、国家发展和改革委员会、财政部、人力资源和社会保障部等部门于2012年12月联合下发了《关于加强高等学校青年教师队伍建设的意见》(以下简称《意见》)。《意见》指出,高等学校青年教师是高校教师队伍的重要力量,关系着高校发展的未来,关系着人才培养的未来,关系着教育事业的未来。《意见》从提高青年教师思想政治素质和师德水平、健全青年教师选聘和人才储备机制、提升青年教师专业发展能力、完善优秀教师传帮带团队协作机制、造就青年学术英才和学科带头人、优化青年教师成长发展的制度环境、保障青年教师待遇和工作条件、加强青年教师队伍建设的组织领导等方面提出了加强高校青年教师队伍建设的措施。

21世纪以来,很多高校招聘教师的学历标准都是博士或硕士。在普通高校专任教师中,博士研究生和硕士研究生学历的比重由1997年的29%快速上升至2009年的47%,其中博士研究生学历增长了250%。这些充实到高校中的青年教师一般都具备非常深厚的学科专业知识,但是由于太过于钻研本学科知识,很少能够进行教师教育的课程学习,即便有些青年教师学习过教师教育课程,也未必接受过专门的教师职业技能训练,未必能够系统深入地进行教育实习。这使得青年教师进入高校后,在教学上会面临一些问题,不利于他们的发展。而且,随着高等教育的大众化,大学生的学习积极性和自觉性更需要通过青年教师良好的教学能力来得到激发。

对青年教师而言,教师职业生涯的头三年是他们适应工作的关键时期。较其他生涯阶段而言,初任教师面临的挑战更为严峻,产生的挫折感也更多。尤为重要的是,此阶段的经历,会深刻地影响教师今后的专业发展品质,并在很大程度上决定着他们的去留。一系列"现实的冲击"(Reality Shock)更是令处于转型过程中的初任教师不知所措。有关研究发现,由于教育现场与初任教师固有理念之间存在巨大差异,初任教师走上工作岗位之时往往会遭遇到转型的冲击,其中一些教师可能因无法适应而选择离开教学岗位。但也有研究指出,同是初任教师,却有9%~13%的调查对象无论在科研还是在教学方面都有良好的开端,成为"快速启动者"(Quick Starters)。因此,我国政府和高校应寻找有效的初任教师发展策略,帮助其顺利地实现角色转换并成功地开展职业生涯规划,使其成为快速启动者,并最终成为"人文情怀、基础厚实、爱生善教、终身发展"的优秀高校教师。

2013年9月起,作为提升上海市高校教师队伍质量的重要举措之一,上海市教委改变原有新教师入职培训由各高校自主实施的方式,采取统一领导、统一方案、统一要求、全市集中统一培训与学校自主培训相结合的方式,组织了为期三个多月的"上海市属高校新教师岗前培训活动",培训活动由作为专业教师教育机构的华东师范大学、上海师范大学分别组织实施,上海市属高校的所有新教师都要参加。这是上海市第一次大规模、长时间的高校新教师培训活动。在培训方式上,该活动既有讲座、观摩,又有研讨、体验。该培训强调"做中学",要求每一位学员在导师的指导下,完成规范的课程实施大纲、授课教案、教学PPT、学生评价方案,并且至少讲授一节公开课。导师组对每一位学员的每一个学习环节做出评价,并综合各学习环节的考核结果,选出10%的优秀学员予以鼓励。整个培训以学员的教学实践大赛以及学员的大学教师专业发展论坛形式展示成果。在此次培训活动中,提高学员的教学能力是非常重要的一个环节。不过,尽管此次培训取得了较好的效果,但也有一些遗憾,比如缺乏相应的培训教材,特别是在教学能力方面。

在全球性的高等教育大众化、普及化的过程中,特别是20世纪90年代以来,高校教师教学能力发展也同样成为世界各国高校教师专业发展中的重要内容。一些发达国家,包括美国、英国、日本、澳大利亚、德国等国家都越来越重视高校教师教学能力的发展与提升。目前,国外学者对高校教学已有较多的研究,国内一些学者也已经翻译介绍了一些国外有关著作,如浙江师范大学徐辉教授主编的一套"国外大学教学与教改译丛"(浙江大学出版社,2005年),涉及大学教学实践和教改研究的方方面面。北京大学出版社2007年出版的"北大高等教育文库·教学之道丛书",也翻译了关于大学教学的几本著作,如《如何成为卓越的大学教师》《理解教与学:高校教学策略》《对大学新教员的建议》等。但是,对于教学微观层面的操作,目前国内的相关研究(包括著作和译著)还较少,而微观层面的操作对高校教师的影响会更大。鉴于此,上海师范大学教师专业发展中心决定翻译出版本套译丛。经过精心挑选,中心首先选择出版《小组教学——个别指导、研讨会和其他》(*Small group teaching-tutorials, seminars and beyond*)、《创建以学习为中心的教学——高校课程实施大纲设计与编撰(第二版)》(*The course syllabus: a learning-centered approach, second edition*)、《如何做讲座——从展示到教学(第二版)》(*Giving a lecture: from presenting to teaching, second edition*)三本译著,以期能为我国高校教师提供可供操作和借鉴的具体办法。在未来,我们期望能以此为基础,撰写出具有特色的、实用性强的、适应我国高校教师培训的国内教材。

我们真诚地感谢"上海市高峰学科教育学"对本中心的资助,为我们的翻译工作和出版印刷提供了不可或缺的财政支持。我们还要感谢北京大学出版社，你们的大力支持使得本套译丛得以顺利出版，北京大学出版社各位编辑认真负责的态度令我们感动。

参与这些著作翻译工作的学者都为本中心的教师和博士生。由于我们学识粗浅，兼之时间较紧，因此，尽管我们付出了时间和心血，在翻译过程中仍会有些疏漏之处，恳请读者朋友批评指正。

最后，我们真诚希望，该译丛能为我国高校教师教学能力发展提供实际帮助，并使得他们实现良好的专业发展，从而提高我国的高等教育质量。

张民选

上海师范大学国际与比较教育研究院院长

上海师范大学前校长

2017 年 12 月

# 英 文 版 序

　　研究显示，教与学是一致的：你为学生提供的有关课程目标、责任，以及学业成绩评价标准的信息越详细，学生的学业就会越成功。相应地，作为教师，你也会越成功。这一任务并非轻而易举，要求你必须付出艰苦的努力，通常要承担远比你最初想象的多得多的工作。

　　首先，你要为每一门课程和每一个单元设计一系列明确的学习目标或学习结果。其次，你要确保用于评估学生学习成绩的方法与课程目标相吻合。此外，用于判定学生成绩等第和合格标准的准则需要被学生理解并被认为是公平的。确定了课程目标和评价标准之后，你就可以聚焦那些有助于学生实现学业目标的具体学习活动和作业了。学生也需要了解你对他们学术上和社交上的要求。一旦你把这些信息提供给学生，他们就必须阅读并使用。也许，这同样是一种挑战。

　　不幸的是，在大多数情况下，即使你提供的信息是最合适的，但将要学习你课程的学生并不具备有效使用这些信息的学习技能和习惯。今天的学生需要你反复强调你提供的材料的重要性，并且要为他们提供如何最有效使用这些材料的具体信息。所以，仅仅给学生提供一份高质量的学习指南或课程实施大纲①是不够的。你需要向学生介绍你所说的学习目标的重要性，给学生讲清这些学习结果与学习成绩评定之间的直接联系，而且要通过小型测验、考试、课前与平时的作业来强化这种联系。

　　此外，技术、人口变化、远程教育以及信息时代对知识本质的新的思考方式引发了许多教学改变，学生对这些改变可能并不熟悉。互联

---

①　我国大学没有与syllabus完全一致的概念，比较接近的概念是"教学大纲"。但从目的、功能、文本格式和使用来看，两者的区别较为明显。为了与国内现有的教学大纲有所区别，本书特将syllabus译为课程实施大纲。——译者注

网带来了各种新的学习机会,网站(如 MySpace,YouTube)、电子邮件和课程管理系统(如 Blackboard,WebCampus,Angel,Moddle)——所有这些途径使学术交流有可能在常规课堂之外进行。在职学生和成人学生(包括第一代大学生①)的大量增加,实习机会的增多和课堂活动的拓展,已经改变了教学的性质,影响到了教什么和如何教。传统的 1~3 页的课程实施大纲已不能有效地帮助学生理解他们自身在学习事业中不断扩大的作用。为了让学生理解你对他们的期望,领会你给他们规划的学习历程,你需要为他们提供比传统课程实施大纲更为综合广泛的信息。本书讨论了学生的学习,并对这个问题做了回答:要想从教育经历中获取最大收获,学生需要知道些什么?

许多教师已不再满足于简短的课程实施大纲。在一项对卡内基年度教授奖得主的研究中,洛夫(John Lough)发现,这些模范教师在课程实施大纲的设计上有着重要的相似点,其中最突出的一点就是仔细精准。每一份课程实施大纲中,课程目标陈述清晰,教学日程清楚规定了具体的阅读任务和任务的截止日期,对缺课补习日期、出勤和评分标准也都有明确规定。这些课程实施大纲还为学生提供了教师的办公时间、电子邮件和家庭电话,方便学生联系。洛夫指出:"人们可以非常清晰地感受到,卡内基奖得主对自己课堂内外行为的期望特别高。因此,他们用同样的标准来要求学生,在教学中和学生分享很多,这并不让人感到吃惊。"高标准的教学要求通过教师课堂教学行为和课程实施大纲的阐述而得到具体体现。

罗伯特·M.戴蒙德(Robert M.Diamond)

(著有《课程设计和评价》等)

---

① 第一代大学生是指这些学生的父母和祖辈均没有接受过高等教育。——译者注

# 英文版前言

今天，美国学院和大学面临着无数的挑战，要为日益多样化的学生群体提供服务，要对信息社会做出回应，而信息社会正在改变我们的生活、工作和学习方式。这种多样化反映在学生如何选择学校、专业和课程上。一些学生根据传统因素——学校威望、学生资助、家族传统、专业冷热、学科声誉做出选择，其他的学生则根据日常因素——上学便捷、离家远近、学费高低做出选择。越来越多的学生推迟进入大学或采用半工半读方式。许多学生在养家糊口或服务国家之后再实现上大学的梦想。他们将工作安排和家庭计划切合同步作为课程选择的依据。他们是第一代和第二代的美国人；他们能流利地说一种以上的语言，或者能够使用作为第二语言的英语来进行说、读、写。他们游历世界后来到美国上大学，当然也可能来自学校附近的社区。学生的多样性增加了教学活动的复杂性。无论是在小型研讨班还是大班上课，学生们都会把各自不同的知识背景和经历、攻读学位的不同理由、独特的兴趣和动机以及多样化的学习资源和技能带入课堂。

如何回应这种异质性呢？更新教学，重新聚焦学生的学习，是回应这些态度与行为挑战的一种办法。第一步是在教学中养成应用探究技能的习惯并坚持质疑的态度，"我如何才能了解学生的学习？"以及"对学生学习来说，什么是最重要的？"幸好，我们可以依靠有关学习和动机的广泛研究，考虑哪些学习目标和教学优先事项能确保学生能以有意义、有目标、有效的方式进行学习。第二步是倾听和留心这些问题的答案，如"我怎样才能知道学生理解了这个抽象概念？""我如何才能了解每个人都能学会解决问题的方法？"以及"我如何才能确信已经澄清了错误的概念？"这些问题能帮助我们创造性地聚焦那些用于引导班级中不同类型学习者重视学术成功的策略。

这本指导手册描绘了一个综合的面向学生的课程实施大纲开发

程序,作为一种反省思考练习,可以引领课程改进。编撰一个以学生学习为中心的课程实施大纲是一项富有挑战性的任务,它要求教师进行实质性的反思和分析。以学习为中心的课程实施大纲要求教学者从专注课程内容转向关心给学生提供什么样的信息、工具、作业和活动,以便促进学生的学习和智力发展。在这种转变过程中,教学行为改进的实现,需要教师一遍遍地将同样的课程教给不同的学生。

课程实施大纲阐述的第一个要点,通常是教师和学生之间的互动。经过深思熟虑的准备后,你对学生需求和兴趣的理解,你对学习和教育本质的信仰与假设,以及你重视和感兴趣的课程内容与结构,这三者之间的相互作用需要在你的课程实施大纲中展现出来。经过精心设计,你的课程实施大纲将为学生提供关键的信息和资源,帮助他们主动形成自己的学习方式,从而成为有效的学习者。课程实施大纲为你和学生提供了一个共同的计划和行为范式,使师生之间的误解最小化。

## 本书结构

第一章,为你和学生阐述了学习情境和采取聚焦学习方式的含义。我们希望它能引导你产生新的见解并探索开发课程实施大纲的新方法。这一章还包括了规划和撰写以学习为中心的课程实施大纲,使大纲具有多种功能,并将它作为贯穿课程的学习工具。为了优化课程实施大纲的形式、功能和使用,在每一个部分,我们注重将各种技术,尤其是课程管理系统,加以整合。

第二章,提供了一些课程实施大纲的示例,这些示例摘引自美国各大学和学院许多学科任课教师设计的课程实施大纲。这些示例原本可能并不是在以学习为中心的框架下开发的,但它们都为以学习为中心的教学观点做出了某些贡献。每一个示例都是由教师专业发展工作者推荐,他们对以学习为中心的教学有深刻的理解。通常,教师不会和别人交换课程实施大纲,所以,对这些示例的评论,可为教师提供有关课程实施大纲内容与形式方面的新观点,也可以让教师明确在使用已经设计好的或修订过的课程实施大纲时可能产生的某些风险。学习他人如何构建目标、陈述期望、传达课程政策或设计作业,可以激励更多教师去重新设计课程实施大纲或课程的某些部分以及尝试进行创新。

第三章,是一份我们推荐的带内容提要的参考读物清单。你会发现,这份清单对进一步探索本书提出的问题是有价值的。本章的参考文献主题包括一般教学、主动学习、评估和评价、合作和协作学习、课程和课程设计、批判性思维、信息技术、学习和学习动机、学生差异、与课程实施大纲建设有关的在线资源,以及用于开发带注解的教学档案的参考资料,利用这个教学档案,你可以保存自己的教学创新与教学改进。

## 本书对教师的意义

教师承担了一门课程的教学,通常需要负责课程资料的开发,这要从编撰课程实施大纲入手。本书会给你提供帮助。深入思考课程目标、学习评价与成绩评定、课程内容和学生活动,你将面对教学中各种一致性的实践问题。这些周密的思考会引导你精心设计课程,使教学始终聚焦学生及其学习。

以学习为中心的课程实施大纲有助于增强学生的角色作用,这是你期望的。通过提供有关学习工具和程序的具体描述,你可以有准备地帮助那些可能不熟悉或不适应主动学习和合作学习教学方式的学生。

尽管按我们的意图,本书是写给学院和大学教学人员的,但它对以下人员也是有用的,包括:
- 指导青年教师、新教师和助教带教工作的教授
- 系主任、专业负责人、院长
- 学术事务管理人员
- 课程委员会的成员
- 认证规划团队
- 教师专业发展专家
- 教学设计者
- 教育实习学生
- 其他高等教育工作者

将课程转变为各种教育环境,让学生分享学习责任,形成自己的学习特点,这是个渐进的过程。要开发以学习为中心的课程实施大纲,你和你的同事必须澄清课程目标,明确教学优先事项,并讨论在某一学科或跨专业的教学中如何促进学生的学习。

芭芭拉·J.米莉斯(Barbara J. Millis)
(内华达大学雷诺分校教学卓越项目)

玛格丽特·W.科恩(Margaret W. Cohen)
(密苏里大学圣路易斯分校教与学研究中心)

# 致　　谢

　　感谢朱迪思·格鲁纳特·奥布赖恩(Judith Grunert O'Brien)，感谢她的远见卓识和富有启发的工作，为本书第一版奠定了良好的基础。同时感谢高等教育专业和组织发展网络(the Professional and Organizational Development Network in Higher Education)的很多同事，感谢他们为我们提供了他们学校教师编写的具有创造性和启发价值的课程实施大纲。尤其要感谢为我们提供这些课程实施大纲示例的作者，他们精心编撰的课程实施大纲的实效已经在实践中得到了检验，可以帮助其他教师建立与学生的联系，这种联系是学习中非常重要的因素。

　　特别感谢内华达大学雷诺分校教学卓越项目的才华横溢的研究生卡罗琳娜·乌芭诺夫斯卡(Karolina Urbanowska)。感谢她热心的投入，她虽历经多次周折但最终帮助我们顺利地解决了书的格式及版权许可问题。感谢密苏里大学圣路易斯分校的谢丽尔·贝尔玛(Cheryl Bielema)、谢里尔·卡恩(Cheryle Cann)、薇姬·洛克(Vicki Lock)对我们的诸多帮助。最后，也要感谢我们的家庭对我们工作的尊重与支持。

芭芭拉·J.米莉斯<br>
玛格丽特·W.科恩

# 作者简介

**朱迪思·格鲁纳特·奥布赖恩**（Judith Grunert O'Brien），本书原作者。1997年，她在写作《创建以学习为中心的教学——高校课程实施大纲设计与编撰》时，是美国锡拉丘兹大学（Syracuse University，又称雪城大学）视觉和表演艺术学院下属的艺术教师学校的成员。

**芭芭拉·J.米莉斯**（Barbara J. Millis），获佛罗里达州立大学英语文学博士学位。1982年，她成为马里兰大学亚洲系的教师发展专家。此后，她活跃于大学教师专业发展领域，与世界各地的教师共同合作，致力于课程重新设计、主动学习与合作学习、同伴评价（包括课堂观摩）、课堂评估技术、学术活动等。现在她是内华达大学雷诺分校教学卓越项目的负责人。

**玛格丽特·W.科恩**（Margaret W. Cohen），获华盛顿大学圣路易斯分校教育心理学博士学位，是密苏里大学圣路易斯分校负责教师专业发展的副教务长，教与学研究中心的创始主任。1980年，她进入密苏里大学圣路易斯分校，担任教育学院教育心理学、教育研究与评估系主任。2000年后，她在学术事务管理办公室担任现职至今。她设计了各种校园专业发展项目，帮助教授、助教、学术领导人、同伴导师的专业发展。她也为密苏里大学系统四所分校的各种教授和系主任发展新项目提供支持。

# 对本书英文版的赞誉

我记不清多少次推荐过这本书,推荐给那些正在寻求以学习者为中心的教学方法的大学新教师、兼职教师、资深教员以及教授;我不得不说,第二版比第一版更精彩,这得感谢两位新作者的才华和努力。

——宾夕法尼亚州立大学荣退教授,《教学专业》杂志编辑玛丽埃伦·韦默

从社区学院到大学,所有类型高校的新教师或老教师都会从本书中获益。本书对以学习为中心的课程实施大纲的关键作用进行了清晰全面、精深严谨和有说服力的论证。为了应对变化中的世界,今天的大学要让学生掌握娴熟的技能,获得广博的知识,任何从事大学教学工作的人都应该读一读这本书。

——心理学荣退教授,《教授今日大学生》和《大学教学成功的开始》的作者安吉拉·普罗维泰拉·麦格琳

众所周知,米莉斯和科恩具有广博的大学教与学的知识。课程实施大纲是良好教学的基本组成部分,她们对《创建以学习为中心的教学——高校课程实施大纲设计与编撰》的修订是支持性的、富有洞见的,具有现实性和实践意义。

——印第安纳大学高等教育学教授南希·奇斯姆

大学生面临着21世纪的学术挑战,所有现在(或将来)从事大学教学的人,都应该阅读本书,以便准备一份高质量的课程实施大纲,为学生设计取得学习和学术成功的蓝图。

——毕格奥教与学促进中心主任,教育领导学副教授,高等教育专业和组织发展网络前主席詹姆斯·E.格雷西亚

这是一本相当精彩的书,它内容全面,思路清晰,实践性强,具有

可操作性，每一位系主任和大学教授都应该读一读。

——佩斯大学管理学杰出教授彼得·赛尔丁

第二版《创建以学习为中心的教学——高校课程实施大纲设计与编撰》增添了一些新的特色。作者对自本书首版以后出现的有关大学教学文献的观点进行了精彩的综述和整合。

——教学与课程评估项目全国项目主任 L. 迪·芬克

课程实施大纲不仅是对课程的描述，它还是教师和学生共同的工作文档。在《创建以学习为中心的教学——高校课程实施大纲设计与编撰》(第二版)中，格鲁纳特、米莉斯和科恩为教师与学生提供了一份依据充分的最新教学线路图，这使师生能注重以学习为中心的教学方式的价值，有效地使用课程实施大纲。

——得克萨斯大学奥斯汀分校教育心理学系教授玛丽拉·D. 斯文尼奇

# 译 者 前 言

　　随着我国高等教育规模迅速扩张，如何保障和提升高校教学质量，已成为高等教育改革和发展的首要问题。2004年7月，国务院批转了教育部《2003—2007年教育振兴行动计划》，提出要实施"高等学校教学质量与教学改革工程"。该工程的目标是："全面推进教学改革，初步形成有效提高学生实践能力、创业能力、创新能力、国际竞争力的新型教育教学模式、教学内容和教学方法。"① 2010年7月，《国家中长期教育改革和发展规划纲要（2010—2020年）》（以下简称《规划纲要》）正式颁布。《规划纲要》强调："提高质量是高等教育发展的核心任务，是建设高等教育强国的基本要求。"② 按照《规划纲要》的要求，各级政府和高校开始全面实施"高等学校本科教学质量与教学改革工程"，并加大了教学投入。③ 但是这几年的实践表明，与大笔投入相比，高等学校本科教学质量与教学改革工程实施的成效并不尽如人意。④ 造成这一现象的原因是什么呢？通过对中美两国的比较考察，⑤我们发现，教学质量与教学改革工程对高校教学规范化建设的忽视是主要原因。研究表明，在教学过程之外，无论运用什么手段，都无法实现对教与学的有效监控，也不能真正确立学生学习的主体地位，调动教师

---

① 郝维谦,龙正中,张晋峰. 中华人民共和国高等教育史[M]. 北京:新世界出版社, 2011:710.
② 同上,第747页.
③ 吴晶,吕诺. 我国将投入25亿元实施高校本科教学质量工程[EB/OL]. http://news.xinhuanet.com/edu/2007-01/25/content_5653688.htm. 检索时间2018年11月20日,全书下同.
④ 李焱斌,冯志刚,李士涛等. 地方院校本科教学"质量工程"建设中的问题与出路[J]. 中国电力教育,2010(36).
⑤ 本书译者之一叶颖曾于2011年以访问学者的身份前往美国某大学进行了为期半年的考察,在此期间对美国高校的课程教学进行了实地考察并收集了大量相关文献资料.

教学的内在动力。① 我们认为,以课程实施大纲(syllabus)为基础的严格和细致的教学基本规范和管理制度,正是美国大学保障教学质量的关键所在。所以,借鉴美国高校课程实施大纲,把推进教学规范化建设作为改革的切入点,这是高校教学改革的合理选择。

2013年,上海市教育委员会建立了上海市高校新教师培训制度,上海师范大学与华东师范大学共同承担培训任务。为了使高校新教师通过培训有效提升教学能力,加快专业发展,时任上海师范大学校长的张民选教授,决定编译出版一套聚焦大学教师教学策略的译丛,作为新教师培训的参考读物,本书是这套译丛的选书之一。本书由格鲁纳特原著,米莉斯和科恩最新修订。它系统阐述了创建以学习为中心的教学实施大纲的理论基础、编撰方法、使用程序和组成部分的示例,并为教师探索以学习为中心的课程实施大纲提供了一份详细的参考读物清单。本书在美国广受赞誉,被许多大学教学中心用于教师教学培训或提升教师教学能力和改进教学的主要参考读物。我们相信,本书可以帮助新教师、资深教师或教学管理人员形成以学习者为中心和以学习为中心的课程教学理念,不断探索和创新课程学习活动设计,自觉规范教学行为和加速教学专业能力的发展。这也是我国高校进一步推进教学改革和建立更加规范有效的教学质量保障体系的基础和前提。

设计和编撰课程实施大纲,对欧美高校教师而言,是一种教学常规,而对我国高校大多数教师来讲,则是一种"全新"的教学要求,因此,我们不揣浅陋,对课程实施大纲的含义、基本功能和组成部分加以简单介绍,就教于有志改进教学,探索以学习者为中心和以学习为中心的课程教学的广大高校教师。

## 课程实施大纲的含义

对美国高校教师来说,无论是社区学院还是研究型大学,无论是本科课程还是研究生课程,没有课程实施大纲就开展教学是不可思议

---

① 高耀明,张萍,陈慧等. 本科教学工作水平评估对高校教学工作影响的调查研究[J]. 高等教育研究,2006(11).

的。课程实施大纲是"syllabus"一词的中译。"syllabus"（复数"syllabi"）源自希腊语"syllibos"，韦伯斯特将其定义为"课程学习的大纲"。① 在美国高校，课程实施大纲是教师开课前必须向学生提供的一种基本的教学文件。我国大学没有与 syllabus 完全一致的概念，比较接近的概念是"教学大纲"。所谓教学大纲，是根据教学计划以纲要形式编写的有关学科教学内容的指导性文件。② 我国的教学大纲最初是借鉴苏联教育经验。"按照苏联的经验，教学大纲是教师进行课程教学的主要依据，是规定学生关于各科课程应获得的知识、技能和技巧范围的文件。"③作为指导教学的纲领性文件，④过去我国的教学大纲一般都是由教育部指定编写；改革开放之后，高校办学自主权得到落实，不再有硬性规定的统一大纲，但仍由高校教学管理部门指定较权威的教师编写，一经制定一般不再轻易改动，在较长时间内具有稳定性。⑤

在内容上，虽然教学大纲与"syllabus"有相似之处，但是从目的、功能、组成部分和使用方式上看，两者的区别较为明显。教学大纲主要是供教学管理部门审查和存档之用，其作用更多体现为对教师教学的监督和管理。而课程实施大纲主要是面向学生，以学习为中心，目的是"为了保证课程的每一个方面都能为学生的学习提供最有效的支持"⑥，并鼓励和指导学生承担学习责任，使"学生明白为达到本课程教学目标而要求他们做什么，以及哪些学习过程可帮助他们取得学术成功"⑦。

无论哪种教学行为和管理规范，其背后总是有某种支撑的理念，所以，教学大纲与课程实施大纲的区别不仅仅是内容、格式或功能上的，更是教学理念上的。教学大纲，作为计划经济时代高校教学管理的遗留物，是以教师为中心和以讲授为中心教学理念的体现。课程实施

---

① Ken Matejka, Lance B. Kurke. Designing a Great Syllabus [J]. College Teaching, 1994, 42(3).
② 张念宏. 中国教育百科全书[Z]. 北京：海洋出版社，1991：64.
③ 郝维谦，龙正中，张晋峰. 中华人民共和国高等教育史[M]. 北京：新世界出版社，2011：104-105.
④ 王伟廉. 高等学校课程研究导论[M]. 广州：广东高等教育出版社，2008：187-188.
⑤ 陈忠暖，王力宾. 国外高校"Syllabus"制对我国高等教育改革的启示[J]. 云南高教研究，2000，18(4).
⑥ Judith Grunert O'Brien, Barbara J. Millis, Margaret W. Cohen. The Course Syllabus: A Learning-Centered Approach (Second Edition) [M]. San Francisco: Jossey-Bass, 2008：11.
⑦ 同上书，第5页。

大纲,作为学生学习的工具,其核心理念是以学习为中心的观念。从课程实施大纲的设计来看,要求教师必须摆脱以教师为中心的教学,建立以学习为中心的教学,创设聚焦学习的课程氛围,把学生的学习和发展作为教学的优先事项;要求教师认识到,学生的学习是一个主动的、建构的、前后关联的过程,要设计有利于课堂互动的环境,构建学生自主参与的学习活动;同时,要求教师通过课程实施大纲,向学生准确地传达课程的期望、要求、作业标准和行为准则,注重培养学生的学习责任心。"课程实施大纲的重要功能之一是向学生说明他们在课程学习中要承担的责任——他们应该做什么和在什么条件下做。"① 总之,编制课程实施大纲的过程,被视为教师为学生精心构建教育经历的过程。

另一方面,课程实施大纲体现了高校教学契约观。"契约就是一种合意,意味着两个以上的人与人之间的交往;也意味着某种程度上意见的一致;意味着去做什么或者不去做什么;意味着由于主体之间的合意或允诺所产生的对他方的义务或责任。"② 课程实施大纲是契约观的一种表现形式,教师与学生具有相对平等的地位,是双方契约关系形成的前提。将课程实施大纲视为一种契约最早可以追溯到20世纪70年代。在20世纪60年代以前,美国高校教师通常根据自己的兴趣爱好进行授课,一般不会事先告知学生作业内容或考试要求。教师上课的随意性较大,没有任何约束,因此,学生普遍认为自己没有有效的理由和证据对教师授课提出抗议或抱怨。到20世纪70年代,这一教学矛盾已经非常普遍。为避免矛盾激化,高校开始要求教师将课程内容和要求等事先告知学生,并对课程实施大纲的内容作了规定,课程实施大纲逐渐被视为师生间的教学合同。③ 课程实施大纲作为契约,意味着师生在教学的内容、形式等方面达成了一致,双方知道该做什么,不该做什么,以及如何做。课程实施大纲的核心部分是义务和责任,强调了师生双方作为平等主体之间的相互责任和义务的统一,这从另一个角度保障了学生的学习主体地位。

---

① Judith Grunert O'Brien, Barbara J. Millis, Margaret W. Cohen. The Course Syllabus: A Learning-Centered Approach(Second Edition)[M]. San Francisco: Jossey-Bass, 2008:54.

② 宋翰雪,贺琳. 西方契约论的历史演变及其现代影响[J]. 科教文汇,2010(2).

③ Catharine Savage Brosman. The Case For (and Against) Departmental Syllabi [J]. Academic Questions,1998,11(4).

## 课程实施大纲的基本功能

　　课程实施大纲之所以能够成为美国高校教学规范化建设的基础和教学质量保障的工具,取决于它自身特有的功能。有关课程实施大纲的功能,研究者有各种不同的看法,如帕克斯和哈里斯(Jay Parkes & Mary B. Harris)认为课程实施大纲扮演了三种主要的角色:一是师生间的契约,它分别规定了教师和学生的职责,包括出勤、作业、考试和其他需要;二是作为一种永久性的记录,规定了教学必须达到的标准;三是作为学生学习的工具。[①] 马特卡和库克(Ken Matejka & Lance B. Kurke)认为,对于教师和学生而言,课程实施大纲是一份合同,是一种沟通工具,是一项计划和一幅认知地图。[②] 斯拉特瑞和卡尔森(Jeanne M. Slattery & Janet F. Carlson)则更为详细地分析了课程实施大纲的功能。她们认为课程实施大纲共有七种功能,分别是:① 设定课程的主基调;② 激励学生确立一个崇高但又能够实现的目标;③ 教师的教学工具;④ 帮助学生厘清课程框架;⑤ 帮助教师设定课程计划并完成课程目标;⑥ 师生的教学合同;⑦ 教师晋升或应聘教学职位的参照标准。[③] 综合梳理以上各种看法,我们认为,课程实施大纲主要有四种基本功能:① 师生的教学合同;② 学生的学习工具;③ 师生沟通的桥梁;④ 教学评估的工具。

## 师生的教学合同

　　课程实施大纲作为教学合同,对师生双方的行为起到约束作用。

---

① Jay Parkes, Mary B. Harris. The Purposes of a Syllabus [J]. College Teaching, 2002, 50(2).

② Ken Matejka, Lance B. Kurke. Designing a Great Syllabus [J]. College Teaching, 1994, 42(3).

③ Jeanne M. Slattery, Janet F. Carlson. Preparing an Effective Syllabus: Current Best Practices [J]. College Teaching, 2005, 53(4).

首先，在合同中明确了在规定期限内（通常是一个学期）教师和学生的权利和义务。双方必须按照这份合同中规定的内容履行各自的责任，任何一方都不能擅自违反其中的规定。其次，课程实施大纲通常包括课程内容、课程目标、课程时间安排、出勤、作业、考试以及其他与课程相关的制度和规定等。这些信息对教师的授课行为起到了很好的约束作用，同时也制约了学生的学习行为。课程实施大纲中对课程内容和课程安排的规定避免了教师随意更改授课内容、随意调换授课时间，如有变动教师必须提前告知学生；而作业和考试要求等一些与课程相关的制度使得学生必须按照规定上课，参与课堂讨论，按时提交作业，参加考试并完成教师规定的其他学习任务。未能完成作业或学习任务的学生将会受到相应的处罚，因此学生需要对自己的学习行为负责。所以，课程实施大纲有效地避免了师生的教学矛盾，就算遇到学生抱怨或投诉时，学校也有据可依，能合理处理冲突。一些教师会在课程实施大纲的最后一页写上"我已阅读此课程实施大纲，理解其含义，并会遵照其中的要求和规定完成课程"，并要求学生在阅读完课程实施大纲后在这句话后签字以示同意，这无疑使课程实施大纲的合同功能更加明确化。①

还有不少美国高校在其校规和教师手册中对课程实施大纲作了明确而详细的规定。例如，佛罗里达国际大学（Florida International University）校规中有如下规定：① 所有教师，无论教授的是否为学分课程或学位课程，都必须给学生提供纸质版或网络版的课程实施大纲。② 对于讲座或实验课程，学生收到或看到课程实施大纲的时间应不晚于第一次上课前。对于网络课程，应不晚于学期开学第一天。对于实习、独立学习、阅读或其他课程，应不晚于开学第一个周末。③ 每个部门或学院必须保留整个学期中所有课程的课程实施大纲。② 这些规定确保学生能及时了解课程的内容、安排、进度以及作业和考试要求等，有效避免了师生因课程要求不明确而引起不必要的纠纷。

根据课程类型的不同，有些教师在编写课程实施大纲时会邀请学生一起参与，而有些则不会。例如一些介绍性或基础性的课程，教师

---

① Jeanne M. Slattery, Janet F. Carlson. Preparing an Effective Syllabus: Current Best Practices [J]. College Teaching, 2005, 53(4).

② 佛罗里达国际大学学校政策[EB/OL]. http://shop.fiu.edu/_assets/documents/concession-policy.pdf.

会对课程的广度和深度有所要求,因此他们会自行编写课程实施大纲。而对于一些研讨性的课程,学生可能受邀参与课程内容的设计。不过,在某种程度上这取决于教师的教学风格和教学理念。有些教师认为,确定课程内容和教学过程是教师的权利和责任,无须征求任何人的意见;而有些教师则认为学生应该参与其中。不管怎样,课程实施大纲具有高度的计划性和约束力,制约和规范了师生在教学过程中的行为,同时充当了解决师生教学冲突的依据。

## 学生的学习工具

对于学生而言,课程实施大纲是一个高效的学习助推器,有助于学生提高时间管理能力、多任务管理能力以及研究能力等自我管理能力和学习能力,从而真正成为有效的学习者。研究显示,作为成年人的学生经常会感到学习、工作和家庭之间存在时间分配困难,他们通常会利用课程实施大纲来决定如何分配自己有限的时间。[①] 课程实施大纲会提供课程进度、授课时间、作业要求等信息,学生可根据这类信息合理分配学习时间,做到事半功倍,提高学习效率。当然,如果教师频繁地更改授课时间,就可能打乱学生的学习计划,影响学生的学习效果,因此,教师一般不能随意更改课程安排。课程实施大纲的课程资料等信息有助于培养学生的自主研究能力。教师在课堂中传授的只是整个课程的一小部分,许多内容需要学生在课外通过自主研究得以掌握,学生根据教师提供的课程资料就能轻松地找到与课程相关的材料进行学习,使自主研究能力得到锻炼。因此,越详细的课程实施大纲越能帮助学生完成任务。

此外,课程实施大纲还能为学生选修课程提供帮助。课程实施大纲开头部分通常会注明选修课程的要求及其需要具备的知识和技能,学生可以据此判断自己是否适合选修。此外,有些课程实施大纲还会提供与课程内容相关的背景资料,学生能了解到该课程和自己已经选修过的课程的相关性,避免因选错课浪费时间。课程实施大纲中提供

---

[①] Jay Parkes, Mary B. Harris. The Purposes of a Syllabus [J]. College Teaching, 2002, 50(2).

的信息还包括希望学生完成课程所需的时间、如何出色地完成作业、如何取得优异成绩;有的还会提到学生在学习中常犯的错误,并为此提供一些有针对性的建议,比如学习策略、写作策略以及笔记策略等。值得一提的是,课程实施大纲除了是学生学习专业知识的工具,还是培养学生良好行为规范和道德的助手。课程实施大纲有关学术诚信、课堂礼仪等规定,能够让学生理解学术诚信的重要性,逐步形成良好的学术道德和行为规范。

教学的根本目的在于激发学生的学习积极性和自主学习潜能,使他们具备应对未来社会挑战所需的知识和技能。课程实施大纲能有效地调动学生的学习主动性和自觉性,使他们明确学习目标,克服学习的随意性和盲目性,自觉采取各种有效的学习策略,积极主动地完成学习。

## 师生沟通的桥梁

一项学生参与度调查显示,学生希望与教师有更多的互动和交流。"课程实施大纲是教师和学生课内、课外、面对面以及网上互动的重要连接点。"[1]随着认知主义、建构主义和社会学习理论以及教学技术进步对高等教育的影响,教师开始意识到学生的学习不只是在课堂上完成,更多的是通过课堂之外与教师共同研究讨论和相互沟通来实现的。课程实施大纲详细地列举了课堂之外师生联系的各种途径,使学生容易选择与教师沟通交流的方式。例如,教师会在课程实施大纲的开头部分列出自己的姓名、办公时间、办公地点、联系方式等信息,帮助学生在学习过程中产生疑问或出现困难时及时向教师求助。可见课程实施大纲在师生之间建立起了最初的沟通渠道,为学生提供了指导方向。课程实施大纲介绍了教师的个人研究领域,阐述了教师的教学理念,让学生在第一时间就能了解教师的课程教学态度。在高校中经常会听到学生抱怨教师难以亲近,教师抱怨学生没有认真学习,显然这些抱怨会直接影响到"教"与"学"。而一份精心设计的课程实

---

[1] Judith Grunert O'Brien, Barbara J. Millis, Margaret W. Cohen. The Course Syllabus: A Learning-Centered Approach (Second Edition) [M]. San Francisco: Jossey-Bass, 2008: 11.

施大纲不仅能让学生知晓课程内容和要求,而且能让师生双方都清楚地了解某学期课程的目标和任务以及为此所要付出的努力。

## 教学评估的工具

作为一种信息传递的工具,课程实施大纲是为数很少的可把孤立的求知活动整合为合乎逻辑并有意义的整体的记录工具之一,[①]它记录了教师授课的全部内容和整个过程。正因为课程实施大纲具有很大的信息量,它从侧面反映了教师的教学态度、教学理念、教学方法以及学术水平,学校能据此判断教师的教学目标是否与学校目标相一致,有效评估教师的学术水平和课程质量。同时,它还被认为是反映教师对学生的态度、学习评价公平性以及教师书面表达能力的最有力依据。学校评估委员会常根据课程实施大纲内容来判断教学内容的广度和深度是否合理,是否达到专业标准,是否与学校的培养目标相一致,以及教师的教学方法是否妥当。学科专家也会根据课程实施大纲判断教师的学术水平,从而决定教师能否晋升和获得终身教职。课程实施大纲"既全面反映了教学人员对课程内容的掌握,也完整体现了他们将课程内容用可接受的方式传递给学生的能力"[②]。塞尔丁(Peter Seldin)发现,大纲被用作评估教师教学的指标这个趋势已经越来越明显。塞尔丁分别调查了在1988年和1998年这两年大学学院院长评估教师整体教学表现所用的指标,具体数据见表0-1。

表0-1 大学学院院长评估教师教学的部分指标

| 评估指标 | 1988 N=604 | 1998 N=598 |
|---|---|---|
| 学生评价 | 80.3% | 88.1% |
| 自我评估或报告 | 49.3% | 58.7% |
| 课堂观察 | 27.4% | 40.3% |
| 课程实施大纲和试题 | 29.0% | 38.6% |

资料来源:Peter Seldin. How Colleges Evaluate Teaching:1988 vs.1998[J]. AAHE Bulletin,1998(50).

---

① 张光. 高校课程大纲的功能和要件:兼论我国大学课程大纲制度之现状[J]. 清华大学教育研究,2011(2).

② Cheryl Albers. Using the syllabus to document the scholarship of teaching [J]. Teaching Sociology,2003(31).

"课程实施大纲和试题"这一评估指标的使用率从1988年的29.0%增加到1998年的38.6%。被调查的高校普遍认为,可以从课程实施大纲的分析中推导出教师的教学能力。

美国高校还把课程实施大纲作为教师聘用、升迁以及终身教职评定的参考依据。美国社会学协会2001年9月刊登的聘用手册中列出了199个与学术有关的职位。其中14种学术岗位的申请要求特别指出在申请材料中必须提供课程实施大纲,3个职位必须提供包含课程实施大纲的教学档案,另有14个职位需要应聘者提供能证明自己教学能力的证据,还有20个职位特别指出需要应聘者提供能证明自己教学有效性的证据。①

课程实施大纲除了作为高校评估教师的重要标准,还是专业评估机构对高校教师教育情况进行评估时的重要指标之一。美国全国教师教育评估委员会(NCATE)是美国教育部和美国高等教育评估委员会认可的全国性教师教育评估机构。该委员会通过制定统一的评估标准,对教师教育机构实施的基础培养计划和高级培养计划进行质量评估,也对教师教育机构实施这两类计划的办学能力进行综合评估。②该委员会会在对教师培养计划评估时,就通过分析和评估课程实施大纲的内容来判断学校开设的课程是否覆盖了所有专业教育的基础性知识,从而判断该校的培养质量是否符合标准。如今,在美国许多高校都已经实现了跨校选课,学校与学校之间的学分互认也大都依靠课程实施大纲来实现。学校通常会根据兄弟学校的课程实施大纲内容来判断其是否符合自己的课程标准,是否可以允许学分转换或互认。

课程实施大纲还是"生评教"的参考依据。美国高校中,学生对教师教学的评价是教学管理的特色。学生在课程结束后会对教师的教学表现做出评价。"生评教"一般在学期结束前进行,到时候教师会发给学生统一印制的教学评价表,让学生对教师在整个学期中的教学表现进行评价。评价的内容包括各个方面,如教师是否有缺课现象,课程内容和教学方式的介绍是否清晰,教师课程组织是否恰当,考核方式和评分标准是否公平合理。学生做出这些评价的参考标准就是课

---

① Cheryl Albers. Using the syllabus to document the scholarship of teaching [J]. Teaching Sociology, 2003(31).

② 石芳华. 美国全国教师教育评估委员会(NCATE)简介[J]. 比较教育研究,2002(3).

程实施大纲。课程实施大纲将教学目标和需要采取的行为都清楚明了地告诉学生,因此他们能够据此对教学和自己学到的知识进行客观的比较与评估。

## 课程实施大纲的组成部分

美国高校课程实施大纲大多由任课教师根据自己的专业经验自行设计,所以,即使不同教师承担相同课程,课程实施大纲也可以完全不同。但各校一般对其基本格式和组成部分以及包含的要素有统一要求,并为新进教师提供撰写的模板。帕克斯和哈里斯根据课程实施大纲的功能列出了对应的要素,详见表 0-2。

表 0-2 课程实施大纲功能和要素

| 教学合同 | 永久的记录 | 学习工具 |
| --- | --- | --- |
| 清晰准确的课程进度 | 课程名称和时间 | 自我管理技能 |
| 评分标准:内容和比重 | 开课学院 | 课外学习时间 |
| 出勤规定 | 课程学分 | 取得好成绩的策略 |
| 迟交作业规定 | 教师姓名 | 常见误解和错误 |
| 补考规定 | 先修课要求 | 具体学习策略 |
| 未完成和修改作业规定 | 必读材料及其他 | 教师和助教联系方式 |
| 学术诚信规定 | 课程目标 | 学校学习资源 |
| 学术自由规定 | 课程内容 | 给残障学生提供帮助的办公室 |
| 残障学生的规定 | 评估过程 | 课程重要性和相关性 |
| — | — | 高质量作业的范例 |

资料来源:Jay Parkes, Mary B. Harris. The Purposes of a Syllabus [J]. College Teaching,2002,50(2).

斯拉特瑞和卡尔森(Jeanne M. Slattery & Janet F. Carlson)认为一份有效的课程实施大纲应该包含课程识别信息、课程描述、课程目标、达到课程目标的方法、成绩评定、进度安排、课程设置理由、激励信息、学校支持服务。[①] 赫斯和惠廷顿(Jana L. Hess & Susie M. Whittington)把课程实施大纲的要素分为联系信息、课程描述、课程目

---

[①] Jeanne M. Slattery, Janet F. Carlson. Preparing an Effective Syllabus: Current Best Practices [J]. College Teaching, 2005, 53(4).

标、标准声明、课程进度、课程要求、课程评估、评分标准、课程教材、其他参考书目等。① 戴维斯(Barbara Gross Davis)的《教学工具》一书将课程实施大纲分为十多个部分,并详细列举了各个部分所包含的要素。这些部分包括:基本信息、课程描述、课程资料、课程要求、课程政策、课程进度安排、课程资源特殊要求声明、课程评估和学习评价、权利和责任、安全和突发事件预案、免责声明等。②

赫贝克和洛克哈特(Joyce Herbeck & Lockhart)根据帕克斯和哈里斯的分类,并结合教学经验,归纳出了课程实施大纲中常见的15个要素,并就这些要素的重要性对129名学生进行了问卷调查。调查将67%~90%的学生选为非常重要的要素列为高优先级要素,50%~61%的列为中优先级要素,16%~41%的列为低优先级要素。调查结果显示,高优先级要素有:教师联系方式、作业内容、教材和参考书目、课程评分方法和评分标准、评估依据和过程,这是学生最想了解的内容,也是课程实施大纲必须阐述清楚的信息。中优先级要素是:课程内容、出勤规定、课程目标和迟交作业规定。低优先级要素为:学术诚信规定、补考规定、课堂行为要求、论文引用格式、未完成作业的规定和对特殊学生的特别安排,这些要素则被认为并不那么重要。调查结果详见表0-3。③

概括起来,对有关课程,学生一般最关心的问题是:由谁来教? 课程目的是什么? 学习本门课程要具备哪些条件、做哪些准备或要有哪些技能? 在课堂教学过程中,教师会安排哪些学习活动? 课程要求的教科书是哪些? 必读书目是什么? 需要哪些学习用品? 课程会涉及哪些主题? 有几次考试,采用什么方式进行考试? 需要提交哪些作业,作业提交截止日期在什么时候? 老师是怎么打分的? 出勤、迟交作业和缺课补习的规定是怎么样的? 还有一些学校重要的规定,包括学术诚信、残障学生服务、有关学生校内和课堂行为规范的声明。教师要在课程实施大纲中阐明这些问题。格鲁纳特、米莉斯和科恩认为:"更重要的是,教师应该将课程实施大纲的价值聚焦在它作为课

---

① Jana L. Hess, Susie M. Whittington. Developing an Effective Course Syllabus[J]. NACTA Journal, 2003, 47(3).

② Barbara Gross Davis. Tools for Teaching (Second Edition)[M]. San Francisco: Jossey-Bass, 2009:28-31.

③ Joyce Herbeck, Marilyn Lockhart. Syllabi for Today's College Classes[J]. Academic Exchange Quarterly, 2004:(2).

程的学习工具上。课程实施大纲能传达课程的逻辑和组织框架,澄清教学的优先事项,提供共同的学习计划与范式。"[1]他们认为:"教师越是详细地向学生描述这些细节,消除课程和课程实施大纲中的疑惑和猜测,明确告知课程期望,就越是能够激起学生的学习兴趣与合作愿望。课程实施大纲可以成为师生分享学习成功责任的邀请函。"[2]

表 0-3 课程实施大纲要素的重要程度

| 序号 | 基本要素 | 统计结果(百分比) |
| --- | --- | --- |
| 1 | 课程评分方法和评分标准 | 67% |
| 2 | 出勤规定 | 60% |
| 3 | 课程目标 | 58% |
| 4 | 课程内容 | 61% |
| 5 | 教材和参考书目 | 71% |
| 6 | 作业内容 | 78% |
| 7 | 评估依据和过程 | 67% |
| 8 | 论文引用格式 | 41% |
| 9 | 迟交作业规定 | 50% |
| 10 | 未完成作业的规定 | 40% |
| 11 | 补考规定 | 34% |
| 12 | 教师联系方式 | 90% |
| 13 | 学术诚信规定 | 26% |
| 14 | 课堂行为要求 | 16% |
| 15 | 对特殊学生的特别安排 | 30% |

资料来源:Joyce Herbeck,Marilyn. Syllabi for Today's College Classes[J]. Academic Exchange Quarterly, 2004(2).

总之,要推进教学改革,建立更加有效的内部教学质量保障体系,高校必须重视教学规范化建设。当然,高校教学改革涉及众多的利益相关者,影响面甚广,需要审慎决策,渐次推进。我们认为,学习和借鉴美国大学的课程实施大纲及其相关管理制度,是一个比较稳妥、有效和经济的办法。

本书第一章由叶颖翻译,第二章由刘培军翻译,第三章及英文版序、前言、致谢、作者简介由周小晓翻译。高耀明逐字逐句审校了全文

---

[1] Judith Grunert O'Brien, Barbara J. Millis, Margaret W. Cohen. The Course Syllabus: A Learning-Centered Approach (Second Edition)[M]. San Francisco: Jossey-Bass, 2008:22.

[2] 同上。

并承担了译者注工作。经过大家的共同努力,这部译著终于付梓。在此感谢丛书主编张民选教授的支持和鼓励,感谢上海师范大学胡国勇教授在本书的翻译出版过程中付出的大量劳动,感谢北京大学出版社为本书顺利出版提供的帮助。由于译者水平有限,本书的不当之处在所难免,敬请读者不吝赐教。

高耀明<br/>2018 年 10 月

# 目　　录

第一章　聚焦学习的课程实施大纲 …………………………（1）
　　帮助学生做好准备 …………………………………………（3）
　　构建知识框架 ………………………………………………（4）
　　制订以学习为中心的课程实施大纲的编撰计划：过程概述……
　　　　………………………………………………………（13）
　　以学习为中心的课程实施大纲的编撰 ……………………（22）
　　以学习为中心的课程实施大纲的使用 ……………………（35）
第二章　课程实施大纲组成部分示例 ………………………（39）
　　课程实施大纲组成清单 ……………………………………（39）
　　课程实施大纲目录 …………………………………………（40）
　　教师信息 ……………………………………………………（41）
　　学生信息表 …………………………………………………（44）
　　给学生的信或教学哲学陈述 ………………………………（45）
　　课程目的 ……………………………………………………（49）
　　课程描述 ……………………………………………………（52）
　　课程目标 ……………………………………………………（55）
　　参考读物 ……………………………………………………（63）
　　课程资源 ……………………………………………………（65）
　　教学日程 ……………………………………………………（69）
　　课程要求 ……………………………………………………（72）
　　规定和期望：出勤、作业迟交、缺课补习、
　　　　课堂行为和课程礼仪 …………………………………（79）
　　制度和期望：学术诚信、方便残障学生的声明和
　　　　校园安全 ………………………………………………（88）
　　学习评价 ……………………………………………………（93）

评分规则 ……………………………………………… (100)
　　如何获得课程学习的成功：研究和学习工具 ……… (104)
第三章　推荐参考读物 ……………………………………… (114)
　　一般教学 ……………………………………………… (114)
　　主动学习 ……………………………………………… (116)
　　评估和评价 …………………………………………… (117)
　　合作和协作学习 ……………………………………… (117)
　　课程和课程设计 ……………………………………… (119)
　　批判性思维 …………………………………………… (120)
　　信息技术 ……………………………………………… (120)
　　学习和学习动机 ……………………………………… (121)
　　学生差异 ……………………………………………… (122)
　　与课程实施大纲建设有关的在线资源 ……………… (124)
　　教学档案 ……………………………………………… (125)
参考文献 ……………………………………………………… (127)

# 第一章　聚焦学习的课程实施大纲

目前,美国各地的大学正在为学生的学习做出全新的承诺。许多人可能会争辩说,在他们的学校,学习一直处于中心地位。但是,现在某些重要方面已不同于以往。巴克利、克罗斯和梅杰(Barkley, Cross & Major)提醒教师,要关注大学生正在学什么:"只有当大学生和父母认为大学教育是一种必需品时……议员、认证机构、美国公众和教育工作者自己才会关注大学生到底在大学里学什么——他们也才会为此寻找证据。"对高质量本科教育期望的变化,正在受到外界的广泛影响,包括越来越多的科技成果在诸多学科领域的应用和学科知识半衰期的缩短。终身学习——包括沟通、批判性思维和团队建设技能——的确是今天任何一个劳动者都必须掌握的本领。库赫(Kuh)指出:"如果想将高中毕业生变成自给自足的人、国家要想继续保持经济竞争力,那么,多达五分之四的高中毕业生就需要接受某种形式的中学后教育。"劳动力的本质和用于补充劳动力市场的多样化学生群体也要求大学课堂进行革新。

随着对高等教育职责的认识多元化,大学正在试图通过重新聚焦学生及其如何学习来应对这种改变。作为教师,如果想把学生的学习和发展作为优先事项,在决定课程的内容与结构时,就必须考虑学生的各种不同的教育需求、兴趣和动机。

巴尔和塔格(Barr & Tagg)发表了一篇有影响的论文:《从教到学——本科教育的新范式》(*From Teaching to Learning: A New Paradigm For Undergraduate Education*),对我们重新思考教与学的本质具有积极作用。随后,塔格出版了一本著作:《学院学习范式》(*The Learning Paradigm College*)。2002 年,美国学院与大学联合会(The Association of American Colleges and Universities)出版了一

本重要专刊:《更大的期望——将大学学习作为新的国家愿景》(Greater Expectations: A New Vision for Learning as a Nation Goes to College),专刊引发了大学校园的各种专题会和讨论会。随后出版的一些著作,如韦默(Weimer)的《以学习者为中心的教学》(Learner-Centered Teaching)和芬克(Fink)的《创造有意义的学习经历》(Creating Significant Learning Experiences),以及其他许多提供了模式和有说服力的成果的论文。最近的一些出版物强调,我们需要更加关注教学过程,部分原因是因为被称为"千禧一代"的学生开始进入大学。这些学生出生于1982年之后,他们在进入大学前通常没有足够的学术准备与学习技能,或者缺乏敢于克服困难与坚持不懈追求成功的素养。

有关"千禧一代"的文章不少。2002年,麦圭尔和威廉姆斯(McGuire & Williams)把"千禧一代"的特征描述为:他们有消费者的心态,随时随地使用计算机网络,以及对非参与式教学方法的零容忍。"千禧一代"也具有团队合作的精神。2000年,豪、施特劳斯和马特森(Howe, Strauss & Matson)认为:"从拳击和足球到校服和强调小组学习的新课堂,'千禧一代'正在形成强大的团队本能和紧密的同伴联系。"2005年,卡尔松对斯威尼的话作了补充:"'在他们读小学时,他们就被组织起来进行合作学习',这就解释了在当今大学为何小组学习如此普及的原因……'合作……既存在于人与人的现实环境之中,也存在于人与人的虚拟环境之中'。"

此外,"千禧一代"关注的是文凭的获得,而对基础广泛的博雅教育(liberal arts education)课程没有什么兴趣。因此,他们关心的是职业生涯和赢得未来的好生活。2006年,鲍尔莱恩(Bauerlein)把"千禧一代"看作是摆脱了博雅教育课程,代之以聚焦"一个热闹喧嚣和混乱刺激的青春",诸如"电视秀、博客、掌上电脑,(或)无线上网"。斯威尼(Sweeney)对"千禧一代"作了尖刻评论:"他们想学习,但是他们只想学那些必须学的东西,而且他们想采用对他们而言最好的学习方式……他们喜欢在做中学。"施特劳斯和豪提出了严厉的警告:面对这些现实,教师们必须要有所改变:"如果'千禧一代'认为在20世纪,教授们在思想、态度和技术方面的表现太过逊色,以致不能够传授在当今社会获取成功所需的知识和技能——那么大学就应该当心了。许多大学将会看到他们的招生规模在萎缩,毕业率在下降,辍学率在上升——甚至有可能是大幅度的。"(Strauss & Howe, 2005)

还有一些更积极的意见,在 2007 年,哈里斯和库伦(Harris & Cullen)已注意到,"千禧一代"宁愿去做而不愿知晓的倾向导致他们喜欢按照经验学习和用试错法对待抽象知识。这就需要教师将观察支撑点转移到以学习为中心的教育方式上。

## 帮助学生做好准备

2006 年,美国学院与学术图书馆协会(The Association of College and Research Libraries)把具有信息素养的学生定义为:"能意识到何时需要信息和具有搜集、评估及有效使用所需信息能力的人。"随着世界向知识经济社会发展,信息素养将成为帮助学生做好终身学习准备的关键要素,而且这种要素也是现在和未来人力市场要求求职者必备的素养之一。

只需考虑一下学生毕业后面临的境况,就会明白将课程和课程实施大纲聚焦于学习的重要意义。我们当下的生活已迫使我们去了解:我们应如何学习,不论是自学还是向他人学习。学生毕业离开学校后,每天都会遇到复杂的问题,他们也会慢慢认识到矛盾、歧义和变革是事物的本然状态。面对多种而且经常相互冲突的观点,他们旧的思维模式会被逐渐打破,并开始用新的思维模式思考问题。2002 年,美国学院与大学联合会(The Association of American College and Universities)这样写道:"世界是复杂的、相互关联的,并且比以往任何时候都更依赖于知识。大学已成为个人建构满意生活与职业的重要必需品。在急剧变化的世界里,每一类职业对教育的需求都有显著增加。如今令人向往的工作大部分都由至少具有大学本科背景的人占据着,社会提供给受过良好教育劳动者的岗位数也正在快速增加。"

要让学生对有目的和高效的终身学习做好准备,前提是你对用于提升学生学习的课程内容、结构、教材及教学策略有很深刻的理解。学生需要的是经过缜密考虑的信息和经过千锤百炼的工具。

如今,学生生活和工作在一个信息数量与质量急剧变化的世界里,知识也随着时间和环境的改变而不断变化。信息和通信技术已对我们生活与工作方式产生了深远的影响。2001 年,巴伦(Baron)提醒我们:

在过去十年里,信息来源已经激增,变得更为复杂,而且这种变化在未来将持续很长一段时间。原有的信息主要是由图书、期刊、政府文件和与之相伴的索引组成的完备化、系统化和集中化的体系,现在这个信息世界已经极度扩张。

现在,信息不仅包括所有传统来源的在线版本,还包括以前从未考虑过的来源,诸如电子资料库和网站。在数量庞大的信息和令人生畏的信息来源面前,对信息的价值和使用做出明智且有区别的选择,同样是一项艰巨的任务。

有很多新的研究、著作和论文已经开始聚焦学生的学习方式。2000年,布兰斯福德、布朗和科金(Bransford,Brown & Cocking)合著的《人们如何学习》(How People Learn),使教师很难忽视对更注重以学习为中心的教学的清晰含义进行探究,即便对那些以讲授为主的大学教师也是如此。2006年,贝茨内(Beichner)对主动学习和包括对学习环境设计在内的教与学各方面含义研究的开创性总结,使我们越来越清晰地认识到——为那些缺乏主动性、只能依靠机械复述来回答简短事实问题或做多项选择题的学生备课和讲课——这种教学方法已不再适合21世纪的要求。2000年,芬克(Finkle)总结说:"过去25年的教育研究已经证明了一个毫无疑问且又简单的事实——通过讲授向学生传授的知识根本不能得到长久的保存。"

## 构建知识框架

学习是一个主动的、建构的、前后关联的过程。新知识的获得与先前掌握的知识有关;如果信息能够在某种框架中加以呈现和被学生获得,这种信息就是有意义的。从以学习为中心的视角看,作为一名教师,你的任务是以各种方式与学生互动,在互动中让学生们获得新信息,练习新技能,重构他们已有的知识,并让他们认识到自己已掌握的知识。

以学习为中心的方式虽然细微精妙,但对教师来说却是含义丰富的。它要求教师仔细思考教学哲学,探讨学科或领域对受教育者的意义,认清课程如何与学科和跨学科研究相联系,明白制定和实施学习评估的意图和目标。它还要求教师考虑自己喜欢的教学风格内涵和对教学策略与评估形式做出的决定，以及能影响教师做出选择的各种因素，诸如学生多样化的需求、兴趣和目的等。

**阐明期望**

课程实施大纲是教师提供鼓励和指导学生承担学习责任的首次机会。韦默(Weimer,2002)认为，要培养学生的责任心，然后他们才能获得成功，因此在学生的学术追求中，必须摆脱以教师为中心的教学，建立以学习为中心的教学。阅读一份以学习为中心的课程实施大纲后，学生就会明白达到本课程教学目标需要他们做什么，以及哪些学习过程可帮助他们获得学术成功。另外，学生除了了解课程概要，还会知道课程目标规定的技能要求，这是他们通过学习必须掌握的能力。例如，学生要学会演讲技巧以便开展口头辩论，要掌握人际沟通技巧以便取得小组合作的成功，要学习软件知识以便为有效展示研究项目提供支持。从技术上说，这些技能不一定涵盖在法律、商务或高级研究方法课程的内容之中，但在以学习为中心的课程中，大家都认为这些技能是课程学习的要求，因为它们是与获得学术成功联系在一起的。在以学习为中心的课程中，作为学习成果，内容技能和过程技能同等重要。如果教师要求学生根据他们以往阅读过的文献，撰写一份有说服力的报告，教师就有责任确保他们知道怎样去做。

教学的核心期望可能是帮助学生通过学习成为"有目的的学习者"(intentional learners)。2002年，美国学院与大学联合会对"有目的的学习者"定义如下：

> 在动荡复杂的世界中，每一位大学生都需要用多种方式使自己成为有目的的、能自我定向的人。目的意味着清晰的目标、对过程的理解和适当的行动。此外，目的也意味着一个人的行动意图。要成为这样的有目的的学习者，学生就要养成一种自我意识，认识自己的学习动机，了解自己的学习过程，明确怎样运用习得的知识。有目的的学习者是"整合型的思想者"(integrative thinkers)，他们能看到看似不相干的信息之间的联系，并利用广泛的知识进行决策。他们能把一种情形中学到的技能运用到另一种情形中，如课堂、工作场所、社区或个人生活，解决遇到的困

难。因此,有目的的学习者即使在变动的环境中也能获得成功。

课程实施大纲的各个部分不仅能传达为帮助学生达到课程目标所要做的事情,还能交流要求学生为了达到目标所要做的事情。在课程实施大纲中,这两个部分——教学哲学和期望与政策——可以交代这些责任,并完善课程设计的理论依据。

**教学哲学**

课程实施大纲包含了教师的教学哲学陈述,它传递了一种强烈的信号,即教师已对自己的教学工作考虑周全,并仔细思考了哪些因素将有助于课程的成功。这种陈述把教师介绍给学生,并为整个学期奠定一种基调。这种陈述也可以传达教师为实现课程目标和试图创设聚焦学习的氛围所做的规划。在教学哲学的陈述中,大多数教师会描述他们对学习过程的理解,解释他们的课堂常规、课堂活动和作业安排,并介绍自己对这些内容的理解。教师的教学哲学陈述非常清晰地展示教师的教学价值观,并告知学生,老师打算与他们分享这个过程。

教学哲学陈述篇幅通常为两三页,大多数情况下教师写这种陈述的目的是应聘学术职位或申请终身教职。撰写课程实施大纲时,可以将原来较长的教学哲学陈述压缩为 200~300 字。奇斯姆、古德伊尔和阿尔钦(Chism,Goodyear & Allchin)对撰写教学哲学陈述提供了简明的指导。为了评估教学质量,课程实施大纲经常会受到检查(Seldin,1998,2004,2007),学科专家也会根据课程实施大纲判断教师的学术水平,这带有决定教师晋升和获得终身教职的目的。课程实施大纲"既全面反映了教学人员对课程内容的掌握,也完整体现了他们将课程内容用可接受的方式传递给学生的能力"(Albers,2003)。

**期望、责任和规定**

对课程规定与规则的概述可以为学期教学工作计划提供支撑,这也是教师向学生传达期望、要求、课程作业标准和行为准则的一次机会。这部分要考虑的内容包括:出勤规定的声明(包括缺勤、迟到以及两者的后果),书面作业、实验报告和家庭作业递交的程序(包括在截止日期后上交作业的程序),以及额外学分获取、缺课补习和推迟成绩等第评定的规定。在学季或学期开始,教师就要在课程实施大纲中逐个详细阐述自己的期望,澄清课程规则,确保学生容易获得必要的信息。这样,在教学过程的推进中,教师和学生可以把更多时间放到教学任务上。

与学系的同事一起商定课程教学规则和规定,可以减少协商和谈判时间,这是增加教学时间的另一种方式。如果担任课程的部分教学或担任主修课程及专业课程教学的教师开发了共同使用的课程教学指南,学生在学习过程中就可以了解有关课程的共同规则和规定方面的要求。因此,教师用于处理问题行为和违规事件的时间就会减少,用于学习的时间就会增加。没有共同的课程教学指南,或一门课程或一位教师一种指南,可能会让那些惯于跟随和遵循共同规程的学生感到困惑。学科团体和协会可以提出课程理念,鼓励本学科教师达成有关课程期望的共识。许多专业组织都有行为和伦理准则,课程规定和规则中有关学术诚信的内容可以直接采用或修改后采用这些准则。同样,书面作业提交程序和规则可以借用学科团体出版的杂志的投稿要求,诸如间距、字体、引用和参考文献格式等。一旦有关学术诚信和写作要求的期望成为学系的规定,那么学系的同事就传递了一个共同的信息——他们打算将学生培养成为本学科的专业人士。正如教师可以帮助学生学会像历史学家或社会学家那样思考,他们也可以帮助学生学会学科的行为准则和写作规范。这些规定和期望为强化对教学内容和学习过程的关注增加了额外的途径。

在大多数高校,有关课程礼仪和残障学生权利的陈述正在成为课程实施大纲的重要部分。这两个主题都涉及尊重他人,由于大学生的消费者取向日益明显和状告学校的现象逐渐增多,许多教师,包括学院院长和其他学术领导人认为,在课程实施大纲中关注这两个问题是极其重要的。在学校的规定中,每一个方面都有明确的规定,以确保学校社区的每个成员都能平等地接受教育和使用学校资源。如果你的学校也有相关规定,那么你可以用学校的政策来解释为什么这些受人尊敬的行为是建构学习环境所必需的,在你的课程中这些行为意味着什么(如上下课准时、上课手机设为静音、举手发言等)。当然,教师也要给学生指明颁布学校当局行为准则的网址或手册。

在任何一所大学,行政部门都有责任确保遵守联邦政府政策指导方针(federal policy guidelines),为残障学生提供课堂便利。课程实施大纲是提醒学生遵守学校政策和规章的好地方,也是告知学生当他们需要照顾时应向哪个部门咨询的好地方。这些规章一般由学校行政部门负责执行，由他们为残障学生提供教学方面的方便，任课教师不承担这方面的责任。如果在自己的课程实施大纲中要撰写这两个方面的声明，可以参考一下学校提供的教师指南。教师指南通常由学校行政部门提供，或在学校网站上找到。如果学校资源不全，可以在卡内基分类对照组（Carnegie classification comparator group）（McCormick & Zhao, 2005）网站上找一所同类学校的资源，网站地址是 http://www.carnegiefoundation.org/classifications。这些学校的教师跟你的学校很相似，他们很可能已经完成了这些工作并把内容公开化了，你就可以把这些公开的声明材料用于自己学校的课程。当这些期望和指南被写进课程实施大纲后，在课程开始时教师就要让学生们对此引起重视。一旦发生违规行为，可能会出现两种结果：教师会防止在接下来的学期里发生此类问题；学生们会收到相同的信息，他们有责任营造促进学习的课堂氛围。

**鼓励承担学习责任**

以学习为中心的教学要求教师给予学生支持和挑战，是使学生在教师的课程中，也在未来的其他课程中，承担起主动形成自己学习的职责，并让他们懂得独立学习要贯穿学习生活的始终。在准备课程实施大纲时，要考虑教师领导力、学生发展和学生主动性三者之间的平衡。要考虑课程的层次（通识教育课程、高阶课程、研究生课程等）以及学生已有的技能与知识，每次课程活动教师都要问自己：在下列活动中，学生可以达到怎样的水平。

- 澄清自己的课程目标；
- 规划可以满足个人学习目标的任务；
- 监控和评估自己的学习进程；
- 设立评判自己学业成绩的标准。

要回答上述问句，就要求教师重视课程的教育目的（包括认证或专业许可强加的任何限制）、时间限制和学生的其他需求。合理的策略是，在本学期的课程学习中，教师要设计一些学习活动，引导学生接受更多的学习责任。教师面临的挑战来自能否理解和满足多样化学生群体的需求，学生多种多样的学习、工作、家庭与生活经历会影响课堂学习，同时也会对教师的课程有各种不同的期望。

**学情分析**

今天,快节奏的高科技社会影响了"千禧一代"的课堂期望(Oblinger,2003),它也要为学生的消费者心态承担某些责任(Groccia,1997)。高等教育机构设立了学生中心,以便回应"消费者"的期望,我们在不经意间塑造了学生把学习经历当作"一站式购物"的态度。在学生中心,学生可以在同一个地方购买餐点,申请经济资助,参加考试,注册课程,购买教材,以及寻找个人导师和寻求其他学习支持。许多教师认为,学生持有的这种消费者权利态度与学习是不相容的。毕竟,为获学分而选课与愿意学习而选课,其学习动机是不同的。积极学习并主动掌握课程目标的学生与仅仅以获得成绩或学分为学习动机的学生,他们是两种不同的"课堂公民"(classroom citizens)。聚焦学习的课堂的前提条件是学生要抛开消费者的心态。为了在课程中明确区分这一点——在课程实施大纲的开始部分,教师就应写明教学哲学和期望,以及课程礼仪——这能帮助学生改变他们先前的态度或至少让他们意识到自己持有的观点与以学习为中心的课堂是不相符的。

要让学生聚焦学习,就要让学生投入有目的、有意义的学习过程,很明显这是一种策略。那么,投入的确切含义是什么呢?美国全国大学生学习性投入调查(The National Survey of Students Engagement,NSSE)通过在春季学期调查本科一年级和四年级学生的教育经历来评估大学本科教育质量(Kuh,2003)。学生通过对相关问题的回答,描述了他们在课堂内和在校园内外课程辅助活动中的学习经历。学生回答的问题是基于"良好本科教育的七项原则"设计的(the Seven Principles for Good Practice in Undergraduate Education)(Chickering & Gamson,1987)。1999 年,NSSE 首先在美国 75 所大学进行了测试。2007 年,美国 1100 所大学参与了这项调查。因此,如果有人问你,你的大学是否参与了这项调查,就显得很正常。如果你的大学参与了这项调查,那你们又是如何获取数据的呢?这些数据将有助你理解与掌握学生的在校学习情况(如果你的大学没有参与这项调查,你可以很方便地在网站 http://nsse.iub.edu 上查阅大量有关 NSSE 的资料,找到促进学生投入学习的策略)。

NSSE 的测试项目代表了一系列教学和全校范围的各种实践活

动。这些测试项目是基于有关学生发展和学习方面的文献而设计。考察这些测试项目是有益的。这些测试项目被分成了各种描述教学情形的标准选项,这些选项揭示了教学给学生带来的学术挑战,呈现了教师如何通过引发学生的深层学习历程而丰富教学经历,提供了主动学习和合作学习的例证,展现了教师和学生课堂内外的交流机会,阐明了学校环境中学生可得到的支持性因素。库赫、坎齐、舒、怀特等(Kuh,Kinzie,Schuh,Whitt & Associates)曾走访了一大批在 NSSE 测试中得到高分的学校,了解这些高校采取了哪些措施去支持学生的成功和学习活动。最近,NSSE 的开发者开发了一种新的学习工具,被称为学生课堂投入度调查(Classroom Survey of Student Engagement,CLASSE)。这个调查是针对教师设计问题的,他们因为 NSSE 数据过于宽泛而加以拒绝:"噢,这非常有趣,但这些数据不是我学生的!我的学生在课堂上是投入的"(Rhem,2007)。CLASSE 计划研究三个问题:"我们能否对学生的课堂投入水平进行测量?学生的投入水平是否与教师重视课堂投入的程度成正比?这些学生课堂投入的测量结果能否被用来促进教学实践的改进?"这个调查工具分成两部分:① 采用里克特四级标准,调查教师对具体的投入活动、认知技能、其他教学实践和课堂气氛的评价,还有 8 个附加的具体课程问题供选择回答;② 调查学生有关指定的实践活动在目标课堂中出现的频率(Ouimet,2007;Smallwood,2007)。

  教师调查对课程实施大纲的建设具有非常重要的意义。对 CLASSE 调查的反响将引导教师深入地思考自己的课程。在设计课程和准备课程实施大纲时,这种反思有助于教师选择把课程重点放在何处。对课程目标决策而言,CLASSE 的调查可能比存在已久的教学目标编目(the teaching goals inventory)①(Angelo & Cross,1993)更有影响力。教师对教学目标编目中 53 项目标的自我评分可从许多网站上下载,例如:http://fm.iowa.uiowa.edu/fmi/xsl/tgi/data_entry.xsl?-db=tgi_data&-lay=Layout01&-view;http://www.siue.edu/~deder/assess/cats/tchgoals.html;http://campus.umr.

---

① 安吉洛(Thomas A. Angelo)和克罗斯(K. Patricia Cross)提出的大学教学目标编目(Teaching Goals Inventory,TGI),将教学目标分为六类共 53 项,六类教学目标包括:高层次思维技能、基本的学业成功技能、具体学科的知识和技能、博雅教育与学术价值、工作与职业准备、个人发展。——译者注

edu/assess/tgi/tgi.html；和 http：//www.wcer.wisc.edu/archive/cl1/CL doingcl/tgi.htm.（上网时间：2018年11月10日，全书下同）

**开发以学习为中心的课程实施大纲**

大学课程采用以学习为中心的方式，是为了保证课程的每一个方面都能为学生的学习提供最有效的支持。这种保证会让你在学生学习内容与过程中承担起帮助学生的责任。学习是学生成功掌握课程内容所需学习技能的过程。对于大多数教师来说，现实是在选修课程时，学生并不像我们想象的那样会事先做好充分准备。一些教师将这一原因归咎于从幼儿园到十二年级或社区学院受到的教育。在以学习为中心的课堂中，教师有责任提供元认知方法和策略，帮助学生取得学习成功。在这个问题上，费耶特维尔州立大学（Fayetteville State University）告诫本校教师："你们是在教现在拥有的学生，而不是教你们希望拥有的学生"（Kuh等，2005）。教师要接受现实的挑战，然后思考如何使用课程实施大纲促使学生投入课程学习活动，并推动学生的智力发展。

课程实施大纲是教师们和学生们在课内、课外、面对面以及网上互动的重要连接点。传统的课程实施大纲主要是为学生提供一些信息资源，分配某些任务，所以大多数时候，在第一堂课后就归档了。以学习为中心的课程实施大纲也包含这些基本信息，但它是一个重要的学习工具，有助于教师：

- 向学生传达有关学习的重要问题；
- 为学习设定一种基调，思考学生会接受怎样的学习方式；
- 传递一种信息，即本学期，学生除了可从教师那里获得学习支持外，还可以从学校社区获得哪些学习支持。

这些目标体现在贝恩（Bain）2004年对《优秀的课程实施大纲》（promising syllabus）的三个部分描述中：

> 在最优秀的教师倾向于使用的（优秀的）课程实施大纲中……信任、拒绝权威和设定标准代表了真实的目标而不是课程作业……第一，教师会在课程中给学生一些承诺或机会……第二，教师会解释需要学生做什么才能实现这些承诺……第三，课程实施大纲会对教师和学生如何理解学习的性质与学习进步进行概述。

同样,以学习为中心的课程实施大纲强化了教师促使学生主动、有目的且有效地学习的意图、角色、态度和策略。本书第一部分相关内容将帮助教师规划、编撰和使用此类课程实施大纲。第二部分提供了从全美各大学教师使用的课程实施大纲中摘录的部分示例。

有关学习的研究对教师意义重大。有两个领域特别令人感兴趣:有关深层学习与表层学习(deep versus surface learning)的国际比较研究,以及由布兰斯福德、布朗和科金提出的收敛型研究。深层学习与表层学习的研究始于20世纪70年代的瑞典、英国和澳大利亚(Marton, Hounsell & Entwistle, 1997)。研究显示,基本上学生不是采用深层学习方式,就是采用表层学习方式,学生的学习方式受到教师的作业和期望的影响。有关深层而非表层学习方式的四个主要组成部分的描述,与合作学习实践是完全一致的(Millis & Cottell, 1998)。瑞姆(Rhem)将它们概括如下:

**激励性的情境**:我们学得最好的是那些我们感到需要知道的知识。内在动机始终与某种程度的选择与控制息息相关。排除了内在学习动机的课程,就等于清除了学生的主体意识,扼杀了学生持续学习的最强因素。

**学习者的活动**:深层学习是与"做"同步行进的,但仅仅做本身是不够的。教师必须将活动与抽象概念连接起来,这样才能使"做"有意义。学生被动的心态会导致表层的学习。

**与他人的互动**:正如诺埃尔·恩特威斯尔(Noel Entwistle)在一封邮件中写的:"教师不是教学或灵感的唯一来源。"同伴小组合作并相互启发告诫,这一学习维度是讲授和阅读本身从未触及的。

**结构良好的知识基础**:这不仅意味着给学生提供以某种方式组织的新材料,而且意味着要利用和重塑学生入学时已有的概念。深层学习方式和为理解而学习的方式是各种整合性的过程。新概念越是充分地与学生先前的经验和现有的知识连接起来,他们的学习积极性就越高,越渴望使自己的知识综合化。

如果教师在开发家庭作业过程中,除了开发其他作业之外,还利用有关深层学习的理论,开发一些能激励学生运用知识基础的作业,就可使深层学习和小组合作学习很好地搭配起来。当学习材料与学生的生活和学习有关时,他们常常会产生学习兴趣。当学生能将知识与个人情境联系起来时,他们就更可能记忆和回忆这些信息[自我参照效应(self-referral effect)]。这项研究为詹森(Jensen)的建议提供了基础,他建议教师要帮助学生"自己发现知识的连接点,而不是把连接点强加给(他们)自己",并鼓励"学习者要使用自己的话语进行新的学习"。

布兰斯福德、布朗和科金讨论了三项基本学习原则,在他们后来的著作——《学生如何学习:课堂中的历史、数学和科学》(*How Students Learn*:*History*,*Mathematics*,*and Science in the Classroom*)中,他们详细阐释并充分应用了这些原则(Donovan & Bransford,2005)。前两个原则已相当知名并被高校教师广泛接受:① 课程必须建立在学生已有的知识之上,教师必须了解学生们已知什么、未知什么,包括揭示学生先前的概念和错误的概念,这是至关重要的。安吉洛和克罗斯关于课堂评估技术的著作与这个学习原则高度吻合(Angelo & Cross,1993)。② 学生需要依赖概念框架的深层基础知识,以便回忆和运用这些知识。对大多数教师而言,深层的知识是给定的。第三个原则,即元认知(关于思维的思维)更难理解一些。③ 学生必须知道学习在向什么方向前进并监控向学习目标前进的过程。

在计划和开发课程实施大纲时,要考虑以学习为中心的教学的每一个方面。学期的第一天,如何呈现课程实施大纲的结构与原理,在很大程度上决定了学生将如何聚焦学习和他们将学习什么。对于参与性课程而言,课程实施大纲是一份至关重要的文件。

# 制订以学习为中心的课程实施大纲的编撰计划:过程概述

如上所述,教师编撰以学习为中心的课程实施大纲是精心为学生编制教育经历的重要过程。首先,这个过程要求教师明确自己有关学习性质的信念和假设的完备论据,以及这些论据是如何概括和呈现的。其次,这个过程要求教师确信这些技能、知识和态度的确是学生最值得掌握的,思考如何将它们整合进课程,以及如何进行恰当的评价。这需要教师运用与这些信念一致的教学策略,为学生创设一个学习环境。最后,这个过程需要教师编撰一份课程实施大纲,向学生传达教师的期望与意图。

课程的发展超越了本书的讨论范围,但本书这部分会提供一个过程概述,为教师撰写课程实施大纲提供引导。后两部分是"以学习为中心的课程实施大纲的编撰"和"以学习为中心的课程实施大纲的使用",为教师与学生交流这些重要概念提供方法和建议。本书的第二章还提供了一些示例,这些示例来自教师开发和使用的课程实施大纲与课程手册,体现了以学习为中心的视角。本书的第三章推荐了各种参考读物,可以为解决在这里提出的许多问题提供帮助。

威金斯和麦克泰(Wiggins & McTighe)强调,教师在开始设计课程实施大纲时,要牢记课程的目的并关注以下三个阶段:

阶段 1:什么内容是有价值的和要求理解的?(换言之,要让你的课程聚焦被那些教科书作者界定为"基础理解"的内容,即学生从教师的课程中必须学会的基础知识。这些领域是教师要"深入下去"的领域)。

阶段 2:理解的证据是什么?(这是教师正式和非正式评估或评价学生学习的依据)

阶段 3:哪些教与学的经历能使学生促进理解、激发兴趣和提升卓越程度?(主动参与学习的经历有助于学生掌握课程内容)

芬克(Fink,2003)的"逆向设计"(backwards design)模型建立在这一概念之上,通过增加学习维度,提出一个与它一致的分类,包括以下的要素:基础知识、应用、整合、人文维度(human dimensions)、关怀、学会学习。这一分类包括了教师确认的其他一些特征,这些特征是教师认为学生学完课程以后应当具有的。因此,这一分类已超越了布鲁姆(Bloom,1956)广为人知的聚焦(focusing)"内容知识"(content knowledge)的教育目标分类。这些目标常包含一些难以测量的但非常重要的无形内容,如"价值判断"或"欣赏"。因此,在计划课程实施大纲时,要首先确定学习目标与学习成果,然后考虑评价方式——正式和非正式评价方式都要考虑——这会帮助教师了解学生是否真正达到了预定的学习目标。最后,要确定哪些作业和活动有助于达到预定的学习目标。

尼尔森(Nilson)从另一个维度讨论了课程实施大纲的编撰计划。她建议,创建一种图解式的课程实施大纲,作为以学习为中心的课程实施大纲的补充。这个大纲可以是一页纸的图示、流程图或由课程主题构成的概念示意图。她还建议,教师制作一份展示课程学习成果的示意图,以补充图解式课程实施大纲。那些喜欢可视化学习风格的学生会特别欣赏这种课程实施大纲。

### 为课程奠定坚实的理论基础

课程实施大纲的构成与教师的课程设计理论有整体的联系。课程的各个方面都会受到有时被认为是理所当然的信念和内隐假设的影响,这些信念与假设构成了教师如何思考和实践教育过程的框架。按照舒尔曼(Shulman)的说法,教师实践的坚实理论基础是"一组已被仔细验证过的核心假设。这组假设可以解释教师为什么以他或她的方式做自己想做的事情"。坚实的理论基础会帮助教师做出哪些内容应包含在课程实施大纲之中的决定。舒尔曼还指出,教学反思是一种学术行为。他提出的作为教学反思指南的问题,在下面资料框"教学的学术反思"中做了概述。

沃洛德考斯基和金斯伯格(Wlodkowski & Ginsberg)建议,开发课程实施大纲时,教师应该检查一下该大纲是否存在偏见,审视整个课程实施大纲反映出来的规范,思考怎样才能重塑课程和课程实施大纲,使之更具智慧与文化的敏感性。教师在课程实施大纲中做的一些改变能对学习过程产生深远影响,并能够阐明教师对有关课程知识应该怎样构建的期望。

资料框

**教学的学术反思**

舒尔曼提出,教师在考虑课程和课程实施大纲所代表的学术行为方式时,要对教学实践采取探究的立场,澄清自己一直坚持的教学理念和教学行为,明确常常需要作进一步调查的领域。在编撰课程实施大纲前,教师要对教学进行学术性反思。

舒尔曼建议,教师尤其要考虑以下方面:

● 教师精心设计的每一门课程都是一面透镜,这面透镜折射出教师的研究领域和有关这些学科的个人概念。教师要像思考学术论据一样思考自己的课程形式与内容:这些论据的主题和要点是什么?证据的关键部分是什么?课程如何开始?从什么地方开始?

怎样结束？为什么要这样结束？这些学术论据大多带有说服的意图。想要说服学生相信什么？或提出什么问题？或想要学生形成哪些新的兴趣或特性？

● 通过检查课程各方面的特点，你的同事如何才能理解你的学术想法？在你的研究领域，甚至在你所在的系里，你的课程组织方式是否与别人的明显不同——不同的方式反映了你对学科或领域完全不同的看法吗？你聚焦一些特定的主题，而你的同事可能关注其他主题，为什么呢？

● 你的课程采用了哪些方式教学生像学者一样在你的领域做研究？你的课程如何讲授那些方法、程序和价值？在你的研究领域，这些方法、程序和价值是如何形成和决定"知识主张"（knowledge claims）的？你的课程如何向批判性对话打开大门？如何使学科前沿的重要学术观点渗入课程？

● 你的课程如何与你的其他课程或其他领域的课程衔接起来？你的课程在多大程度上为其他后续课程提供基础？或者，学生从其他课程学到的知识中，哪些可以作为你的课程基础？或者，学生在你的课程或其他学科中学到的知识与已有的知识是否有矛盾冲突？总之，你的课程如何与更大的课程系统、专业或学生整个本科阶段的学习相整合？

● 你期望学生能从你的课程中找到哪些对他们来说特别有吸引力的东西？在哪些地方他们会遇到在理解或学习动机上最大的困难？你的课程内容如何与学生已经理解或曾经经历的事情相连接？有哪些课程内容可能是学生最不熟悉的？你如何解决课程中学生的共同问题？随着时间的推移，你如何逐渐改变课程内容以回应学生的要求？

● 最后，可以尝试使用一些比喻使课程更富特色，这些比喻通常来自更大范围的课程或学生的知识和道德生活。选修你的课程，学生是否像进行一次旅行，阅读一篇寓言，参加一场足球赛，参观一个博物馆，经历一段罗曼史，聆听一首协奏曲，观看一幕亚里士多德的悲剧，接受一堂超越障碍训练课？是其中的一种，还是全部呢？你如何用比喻点亮课程的关键部分呢？

**决定想要的学习结果和评价方法**

在规划课程时,教师要考虑学习过程、学习内容和学习目标成果。例如,除了让学生掌握学科理论知识和专业技能外,教师还需考虑让学生掌握一些在社会中有效生活与工作的技能。学生应会做以下事情:
- 在学习过程中初步了解、理解、评价和承担责任
- 有效地获得和使用资源
- 独立学习和与他人合作学习
- 解决复杂情景中出现的难题
- 使用恰当的方式有效地思考与交流,比如写作、口头表达、数字、图表、电子技术、三维表格或表演
- 澄清个人的价值、目的和目标
- 理解与尊重差异

在建构学习目标时,教师应该同时考虑评价的程序。胡芭和弗里德(Huba & Freed)提醒我们:"评价是以学习者为中心教学的核心部分。""评价学生的学习时,我们必须回答以下问题:'学生学到了什么?学得怎样?对于我们试图达成的目标,我们完成了多少?'因为聚焦学习,所以在高等教育中有时候学习评价指的是对结果的评估或对学生学习成果的评价。"教师要更清楚地意识到自己的评价哲学,进一步理解如何使评价方式与自己有关教与学的信念相契合。使用多元化评价策略可以避免学业成绩的评判受制于一两次高风险考试可能出现的偶然性,或局限于某种特定的评估方式。沃洛德考斯基和金斯伯格提出了下列完善评价哲学的准则:
- 评价过程与学习者的生活环境、观察世界的方式和价值观有关
- 学习成果展示方式是多元的,可以用多种方式评价知识的获得与技能的掌握,也要允许学生花费不同的时间获得某种结果
- 在整个评价过程中,自我评价是必不可少的

随着学生的学习责任心日益提高,他们一定会形成一些自我评价的工具,这有助于他们改进和内化各种用于监控和判断自己学习绩效的标准。教师可以超越传统的纸笔考试,用清晰的标准与准则创建新的评价形式,从而为教师和学生提供有用和持续的信息(J. R. Davis,

1993)。这种创新评价的例子有:作品评价(product assessment)(论文、小说、研究报告、书面档案袋、项目等);表演评价(performance assessment)(音乐、舞蹈、戏剧表演、科学实验演示、辩论、实验、行动研究等);聚焦过程的评价(process-focused assessment)(口头提问、面谈、学习日志、过程记录簿、日记、观察报告等)(Wlodkowski & Ginsberg,1995)。教师的评价与评分策略要与理论依据相一致,这很重要。

如果学生能清晰地理解教师的评价标准并认为这些标准是公平的,那么他们就更容易对学习进行自我评价,对评价的结果也更确信。如果学生参与了评价标准的制定并确定了哪些学习成果可以作为评判学习成效的依据,那么在根据这个标准评价其自己的学习(或其他学生的学习)时,学生就会发挥重要的作用,他们的学习责任感也会越强烈。这本身就是一个重要的学习经历。

**界定和划分课程内容**

教师要清楚哪些内容最值得学生学习。威金斯和麦克泰(Wiggins & McTighe)要求教师根据最终的学习成果来考虑课程内容,重视学生"持久的理解"(enduring understanding),即学生必须从课程中习得并保持的关键知识。使用主动学习可能会限制课程内容所涵盖的容量,但是对于许多教师讲授的理论知识,学生并没有很好地学习而且很快就会遗忘。所以,教师要选择自己认为最有价值的学习效果,压缩可以被忘记的课程内容,使教学聚焦更重要的知识、技能和价值(B. G. Davis,1993)。

另一方面,教师要考虑把课程内容分为三类:要求所有学生都学会的内容,为个别学生开展探索或项目研究提供支持的内容,只是将本领域作为主修专业的学生感兴趣的内容。课堂中过分强调大信息量的传授会大量占用学生的时间,会影响他们将信息转化为有用的知识(Kurfiss,1988)。教师要构建一个概念框架(理论、主题或有争议的问题),为课程的主要观点和论题提供支持。如果教师的目标之一是让学生形成批判性思维,那么教师就要考虑用哪些问题、议题和难题来设计课程框架?有关批判性思维的培养原则,在下面资料框"批判性思维培养课程的设计原则"中做了概述。

> 资料框

## 批判性思维培养课程的设计原则

就像美国小姐参赛选手们经常告诉伯特·帕克斯（Bert Parks）她们希望世界和平一样，许多教师被问及对自己的课程有何期望时，他们总是回答道："我希望学生学会批判性思维。"施特雷克（Streck）向教师提了一个关键问题："如果你只能给学生上一周课，你最想让他们学到什么？"教师的回答证实了上述结论，即批判性思维能力总是被罗列其中。然而，所有教师都认为，如果学生要进入更高层次的学习，掌握基础知识（内容）是非常关键的。这样，问题的关键就变成了：我们——学科专家——"如何做好课程内容传授与批判性思维能力培养之间的平衡"？比恩（Bean,1996）强调，前提条件是"在教授学生发现问题、提出假设、收集分析数据以及进行论证的思维技能的同时，要在课程中将写作和其他批判性思维活动整合起来以提升学生的学习"。

比恩强调，教师要对课程进行计划——从而形成反映这个计划的课程实施大纲——从一开始就聚焦批判性思维目标。比恩建议教师看看科菲斯的研究（Kurfiss,1988）。通过考察大量的课程，科菲斯概括出了支持批判性思维的8项课程设计原则，并提炼出了适合所有学科的共同要素。

1. 批判性思维是一个可以被学会的技能，教师和同伴导师是培养批判性思维技能的资源。

2. 难题、问题或者议题是进入学科的切入点和持续探究的动力源。

3. 成功的课程能使对批判性思维的挑战与对学生特定的发展需求两者之间保持平衡。

4. 课程应以作业为中心而不是以课本和讲授为中心。目标、方法和评价强调的是知识的运用而不是单纯的习得。

5. 要求学生在写作或其他合适的学习形式中建构自己的理念。

6. 学生要开展合作学习，拓展思维，如结对解决问题和小组作业。

7. 有些课程，尤其是教授问题解决技能的课程，能培育学生的各种元认知能力。

8. 教师需要认清学生的发展需要，并要在课程设计中使用这些信息。教师要在这些课程中设立明确的标准，然后帮助学生学会如何达到这些标准。

**构建学生主动参与的学习活动**

教师要决定哪些主题适合哪种类型的学生活动与作业。课程主题是内容取向的还是过程取向的？哪些学习活动和哪种学习成果类型可以使学生个人或团队持续紧张地学习？什么样的活动有助于学生掌握学科或专业技能？怎样创设一个具有挑战性和支持性的课程氛围，使学生提升学习效能，培育人际交往能力，形成团队合作技能，以及发展终身学习能力？教师会采用哪些策略形成学生基本技能与程序、呈现信息、指导探究、监控个人和团队活动，以及支持和挑战批判性反思？

戴维斯（J. R. Davis, 1993）主张，采用一种折中的办法，即利用教与学策略的优势来实现不同目的。普通的教学策略包括训练与指导、讲授与讲解、探究与发现、小组和团队，以及经验与反思。戴维斯强调，要使教学变得更有效，那么教师选择的教学策略必须与希望达成的学习结果相符合。教师要实施一个教学策略并使这个策略产生作用，就要考虑课程主题、课程背景以及学生各种能力、知识、技能与经历。

**确定和收集主动学习所需的资源**

主动的思考者——那些对参与发言、倾听、阅读、写作和反思感兴趣的课程论题的学生——他们既为自己的创造性智力活动，也为与他人合作的创造性智力活动收集了大量资源（人、资料和策略）。教师可以对信息的核心或主体部分作详细说明，用教师认为有价值的其他理念和概念"丰富学习环境"（seed the enviroment）（Brown 等, 1993）。教师要考虑其他各种资源收集的方式，包括来自演讲、辩论、小组展示、公开课、书籍和参考读物中多样甚至相互冲突的视角方式。收集资源也要考虑学生能否找到，这些资源能通过学生的诠释与运用新技术加以转换，包括电影、CD、DVD、地图、图书馆、博物馆、剧院、工作室、实验室、数据库、网络以及其他资源。许多出版商会特意在教科书中加入一些补充材料和教师手册。查看这些资源可以为任课教师提供便利，因为这些补充资源中有许多适用于课堂或在线练习、活动以及小组讨论。

教师可要求学生进一步寻找与课堂上正在探究的议题、问题和难题相关的信息或新的甚至是矛盾的观点，给学生以学习的挑战。尤其重要的是，教师要指导学生尝试从杂乱的网络信息中筛选出有用的资源，学会分辨哪些信息是有效的、哪些信息是有可疑的。

**获得使用受版权保护资料的许可**

当教师为课程收集读物和其他材料时，在复制相关论文、图表或其他需要的资料前，请确定得到了材料版权所有者的许可。文献使用规范不允许我们大量或反复地复制这些材料。获得版权所有者的许可是一个耗时费力的过程。

著作者受到美国联邦法令的保护，防止人们未经授权便使用作者未出版的作品。1976年美国的版权法（《美国法典》第17章）规定，未出版的手稿在以有形的形式呈现之时就受到了版权保护——如打印在纸上。版权保护是"作者身份被确定的过程"（美国版权署，1981）。即使正式转让了著作权，作者拥有的未出版手稿的著作权和全部专有权归属出版物版权所有的出版商以后，作者还是拥有那些手稿的著作权。为了确保著作权受到保护，教师要注意所有出版物上的版权声明。版权声明不需要出现在还未出版的手稿中。版权登记提供了一个公共记录，这常常是采取法律行动的前提。

要想获得翻印的许可，教师首先要联系版权所有者。当版权所有者是出版社时，就要联络出版社版权部门，看需要办哪些手续。一些出版社也会请版权结算中心处理版权事宜。通常，教师需要提供作者、书名、书号、出版商、章节标题、翻印份数、页数、学院/大学、课程名称和教师，以及打算请求使用的内容副本。教师可以把这些信息通过邮件或传真写信给出版社或版权结算中心。要获得翻印的许可一般需要6～8周时间，为此教师至少要提前两个月开始申请程序，以便将课程实施大纲所需要的材料准时分发给学生。还有在线结算所，如版权结算中心（http://www.copyright.com），会接受付费的教师个人在线许可申请。

**从计划转向编撰**

如果教师明确了课程的理论依据和学习结果，也了解了：① 课程的重要内容和过程目标；② 课程将为主动和富有成效地思考有关专业领域的重要问题、议题和难题提供机会；③ 课程将采用的评估学习的方式。那么，还有一个关键问题是：教师如何把这些想法传达给学生？下一部分将讨论课程实施大纲可能具有的功能。

# 以学习为中心的课程实施大纲的编撰

在高等教育中，每一门课程、每一个学生小组、每一位教师以及每一位学生都是独一无二的，这些特征的特定组合将会影响课程实施大纲的内容和形式。教师的课程实施大纲可以是一个简要的文档，或者是传递教师课程观点及其重要意义的拓展性文本。无论教师关注的是传统的还是学习中心的，课程实施大纲的基本信息是必不可少的。

**课程实施大纲的内容**

关于课程，学生一般最关心的问题是：是谁来教？课程目的是什么？学习本门课程要具备哪些条件，要做哪些准备或要有哪些技能？在课堂教学过程中，教师会安排哪些活动？课程要求的教科书是哪些？必读书目是什么？需要哪些学习用品，如计算器、美术用品或个人应答器①［通常称为"答题器"（clikers）］？课程会涉及哪些主题？课

---

① 个人应答器（Personal Response System，PRS）由掌上遥控器或由学生个体操控的应答器组成，通过室内接收器与一台电脑连接或通过USB接口连接到教师的电脑。应答器可以让学生对一个主题投票或对一个问题进行回答。在所有参与者回答完问题后，系统将对投票结果进行汇总。结果通常以条形图的形式在投影仪上立即反馈给参与者。20世纪70年代以来，这些系统在高校课程教学中得到应用。21世纪初开始，这些系统开始在中小学教学中得到应用。——译者注

程是全部面授,还是通过网络或两者结合?要考试几次,考试将采用什么方式进行?需要提交哪些作业?作业提交截止日期在什么时候?老师是怎么打分的?出勤、迟交作业和缺课补习的政策是怎么样的?还有学校的一些重要政策,包括学术诚信、残障学生服务、有关学生校内和课内行为规范的声明。如果教师第一次准备课程实施大纲,从上述问题入手是良好的起点。

编撰以学习为中心的课程实施大纲需要涵盖上述这些问题,但更重要的是,教师应该将课程实施大纲的价值聚焦在它作为课程的学习工具上。课程实施大纲能传达课程的逻辑和组织框架,澄清教学的优先事项,提供共同的学习计划与范式。课程实施大纲可以澄清教师和学生的责任,以达到课程的目标。课程实施大纲提供了一种课程评价方式,使学生能对课程整体计划、理论依据、内容、活动、政策以及在学习过程中为实现个人目标而制定的日程表进行评价(Svinicki, 2004;Tagg, 2003)。教师越是详细地向学生描述这些细节,消除其对课程和课程实施大纲中的疑惑和猜测,越明确告知教师的课程期望,就越能激起学生的学习兴趣与合作愿望。课程实施大纲可以成为师生共同担当成功学习责任的邀请函。

以学习为中心的课程实施大纲包含了更多而不是更少的信息。它为学生提供了课程手册资源,这些资源经过精心设计,每一部分都可以促进学生的学习。如果所在的院系担心文档篇幅太长、成本太高,教师可以将这些文档上传,使学生能在网页上或在课程管理网站上下载,如网上校园或 BB 平台。在上课的第一天,教师一般会分发并讨论课程实施大纲。即使学生能很方便地下载电子版课程实施大纲,教师最好还是把纸质版大纲分发给学生。但是此后,学生就有义务自己去打印其他的学习材料了,而不是期望教师给他们提供。

**课程实施大纲的形式**

在设计课程实施大纲时,教师应该记住,课程实施大纲是一份经常被一节一节阅读的参考文档。教师会以不同的方式处理课程实施大纲:有的用着重的标题分节,有的用灵活方式分节;有的则考虑空间分布;明确区分各个分节,使学生方便地找到参考读物、评分政策、教学日程等。有些教师会在课程实施大纲中采用图表、剪贴画或照片,以增加学生的阅读兴趣,并作为分节的参考点。越来越多以教和学为中心的大学为教师提供制定课程实施大纲的格式和模板。在有些大学,学术领导人(包括院长和系主任)正在权衡哪些内容应该包括在课程实施大纲中。当考虑课程实施大纲格式时,教师可查阅一下学校的资源,看看是否有喜欢的或学校推荐的格式。

对于篇幅较长的课程实施大纲,请使用三孔纸张打印,这样便于将其放在三环活页夹里,方便分发给学生,学生也很喜欢这种做法。因为这样,他们就能将自己的笔记和个人的课程学习资料插入其中。

**课程实施大纲上传网站**

将课程实施大纲上传至课程管理网站或学系主页,给教师提供了利用超文本环境的机会,以及其他机会,如方便地添加附件、公布教学日程变动信息以及为学生创建获取其他资源的链接。大部分教师还是希望和要求学生在课堂中拥有一份共同的纸质版参考书目。将课程实施大纲既视为一个动态的学习工具,也看作一份学习契约,在第一次上课时加以仔细审阅,并在整个课程教学过程中经常回顾,这是有好处的。

在把课程材料上传至网上或者课程管理系统之前,教师可能要咨询一下教学设计者,讨论一下如何在不影响教师教学目标的情况下,充分地利用学校网络环境(Smith & Stalcup,2001;Wilhite,Lunde,& King,2001)。教师要了解学生怎样使用课程资料:从学校计算机网络——如实验室、教室和宿舍——或者从校外,比如家里或公共图书馆。上网地点也很重要,因为它会影响链接速度。如果链接速度较快,教师可以考虑使用视频和音频剪辑、串流视讯(streaming video)和高分辨率影像。学生的上网链接速度较慢,如拨号上网,就会带来一些问题和不利因素,他们就没有办法享受高速上网的便利。

教师要学会使用特定课程管理系统中使用的浏览器、文字处理器和其他基本软件,并将这些信息反映到课程实施大纲中。例如,如果完美文书(word perfect)与一个或多个系统不兼容(无法读取),教师要指导学生将他们的文件保存为 RTF 或 PDF 格式,这是一个可行的解决方法。教师要记住,课程材料必须符合联邦法规有关可访问性(accessibility)的规定。

所有的网络文档都采用超文本标记语言(HTML)创建,它是基本的网络编程语言。很多新开发的软件产品,都使用 HTML 文本作为标准文字处理软件。微软和完美文书都在文字处理器中装有HTML。那些想要探索更加复杂高端技术的人可以使用Java，JavaScript，Flash和CGI来增加互动性或动画效果。

一旦创建了网页，教师需要与学院或者大学的计算机工作人员一起将网页移至服务器中（除非教师或学系自己有一个服务器）。如果教师只愿意把访问权授予自己所教班级的学生，可向网站服务器管理员申请，为每个学生创建用户名和密码。

课程第一周是教师向学生演示如何登录在线课程材料的好时机。这也是让全班学生参与课程的好时机，教师与网络服务提供者一起，通过征求学生的建议，了解学生的体验，并搞清楚哪些学生愿意成为对课程管理系统还较陌生的同学的同伴导师。要告诉学生学校有哪些部门可提供信息技术支持，这样他们就能知道学校哪个实验室有查阅课程材料所需的软件，哪个部门能够说明校外访问服务器的方法。描述在课程中怎样使用技术，可以强化学习目标。教师必须使学生了解计算机硬件与软件的要求（如学校使用的网页浏览器或者课程管理系统对计算机硬件与软件的要求）。

如今学生群体相当多样化，他们的技术才能和能力也各不相同(Oblinger & Oblinger，2006)。视觉有损伤的学生可能不能浏览网页，因此要给他们提供更改文本字体大小的机会。光学扫描仪不能很好地读出一些网页。学生可能更喜欢通过收听播客或创建一个可以替代书面作业的播客来复习功课。有听觉障碍的学生可能没法使用音频文件。如果有必要的话，教师可事先与学校残障学生服务办公室合作，确保网络或课堂中所有的材料都能适应这些学生的要求。

教师要预测所有学生都会遇到的不可避免的技术问题和需解决的难题，当学生在校内和校外远距离访问校园网遇到困难时，准备好给学生提供技术支持和使他们了解可以寻求支持的计算机实验室。

将课程实施大纲上传至网上的教师可以将大纲与世界各地的教学资源相链接。有了新资源，课程实施大纲也很容易更新，使学生随时了解最新的课程要求。家庭作业能直接在网上与班级教学日程和评分手册相链接。课程内容管理便利，师生互动机会增加，将学生与多样性的全球资源相连，这些都是将技术融入课程中所获得的实实在在的好处。奥布林格和霍金斯注意到，技术的益处很快会在高等教育所有方面显现出来，他们建议将技术移至后台，教学过程"要把技术放在合适的位置,当作学习的推动者而不是焦点"。

**课程实施大纲的功能**

当学生参与教学活动时,课程实施大纲具有多种功能,可给学生学习提供支持、为学生参与创造条件,并让学生接受挑战。

**及早建立师生接触和联系的方式**

NSSE 和学生参与度研究(Kuh 等,2005)清晰地显示:学生希望和教师有更多的交往。教师一开始要向学生介绍自己的基本联系信息,比如姓名、地址、电话号码、E-mail 地址、办公时间和学习实验室(learning lab)①开放时间,包括如何安排教学讨论会。在适当的时候,教师可以公布对学生而言是很重要的其他人员的联系信息,如助教、技术人员、系办公室员工和图书管理员。如果在课程的学季或学期中间,某些教学计划发生改变时,这些联系信息就会很有用。教师可以考虑设计一张信息表,征集学生的个人信息(包括地址、电话号码、E-mail 等),这有助于教师了解学生的姓名、兴趣和选课原因。这也是一个了解学生是否已经修完了本课程所要求的先修课程的途径。在信息表上,教师可以考虑增加一些问题,以便深入了解学生的学习风格和先前的教育背景。例如,问他们为什么要到这所大学读书(当教师看到学生的答案,比如"我父母要我到这里的""我对生态工程专业很感兴趣"或者"这是唯一愿意接受我的学校",从这些答案中,教师可以了解学生学习动机方面的许多内容),问他们想从本课程中学到什么(这个问题经常能揭示学生的错误概念和"学生的期望与课程目标脱节")。让学生告诉任课教师,其他教师是用什么办法帮助他们学习的(学生对这个问题的回答可以让教师深入了解他们的学习风格,也可以给教师提供与同事一起讨论教学的机会)。

为鼓励学生在课程中与其他同学互动,教师要给学生创造互换联系信息的机会。如果教师使用课程管理系统,如工作平台或网上校园,给学生演示怎样使用该系统给每位同学或某位同学发送信息,并

---

① 学习实验室通过研究、开发和提供补充资源服务为全校师生和大学社区,并提供专业服务项目帮助学生在课堂上成功学习。服务项目包括辅导、测试准备、视听学习辅助、计算机辅助学习、在线课程测试等。——译者注

强调这些互动是学习过程中有价值的部分。在那些网络讨论区中开展在线讨论(threaded discussion)和在线互动活动(interactive online activities)是鼓励学生开展讨论的一种非常有价值的方式,它超越了混合式课程(hybrid classes)①和在线课程。

在大学社区,校园人名录可能是公开的,每个人都可以获得,但1974年的美国联邦《家庭教育权和隐私权法案》(*Family Educational Rights and Privacy Act of 1974*)禁止公开人名录的信息(姓名、地址、电话号码、E-mail 等),除非允许学生可以退出校园人名录。由于教师也不知道哪些学生提出了这个请求,而给学生分发修读课程学生花名册的友好行为不仅已经过时了,还可能导致违法。所以,教师要鼓励学生在课堂中相互了解,交换联系信息,并建议学生选择课程管理系统开展讨论,组建学习小组,并完成课外小组作业。

设定课程基调

课程实施大纲传达了教师对学生和学习的态度。教师用这种方式表达自己的观念,有助于学生理解课程是否以某种正式或非正式方式进行。从课程实施大纲入手,教师就课程的问题和关切,和学生进行开放的交流,可减少课程的神秘性,防止阻碍学生学习的情形发生。教师要告诉学生,他们带进学习情境的知识会受到尊重,这是设定课程基调的另一种方式。教师要考虑在课程管理系统在线讨论区创设"课程问题"的连续讨论,鼓励学生相互回答有关作业和活动问题,并向学生解释,如果教师注意到有任何误导性的回答时,教师会发表自己的看法。这就设定了一种基调,学生之间的互动和师生之间的互动会受到一样的重视。

阐述教师有关教育目的的信念

教师可以对课程为什么要包含这些以内容与过程为取向的目标以及这些目标是怎样决定教师对学生的期望做出解释。教师还要对课程教学日程为什么这样安排,课程结构怎样强化了教学目的和目标,以及活动和作业如何帮助学生既满足内容目标取向又符合过程目标取向做出说明。教师可以对将要使用的学习策略与技术进行描述,

---

① 混合式课程允许学生在同一门课程中采用不同的上课方式,学生可以亲身到课堂上课,也可选择远程"虚拟"方式参与学习。——译者注

并对使用这些策略和技术的基本原理进行论述。教师可以对学生学习过程与学习成果的规范和标准是如何制定的,以及这些规范与标准怎样与课程目标、通识教育要求、专业目标和专业学习成果保持一致加以阐述。教师应该让学生阅读有关自己教学哲学的陈述,并把这些陈述作为教师的教学实践与教育信念相一致的证据。

### 告知学生课程的组织管理

在整个学期中,每周的授课时间、每次课的授课教师以及每次上课的形式(外聘专家讲座、实验室或临床实践、团队合作研讨、课堂模拟、观看 DVD 等)是有可能发生变化的。教师要在课程实施大纲中详细阐述这些信息,这样学生就能了解课程安排并为每次上课做好准备。把课程日程表分发给学生能帮助他们做好学习计划。影响学生出勤的宗教仪式活动或运动旅游时间,应要求他们尽可能早地告诉教师。教师要让学生知道节假日停课情况或教学日程的调整,让他们提前做好准备并避免误解。关注这些组织管理细节,表明教师对变化的敏感和对学生时间的尊重。教师要在课程日程表上表明有重要意义的日期,包括来自课程注册办公室的重要日期信息,如本学期注册截止时间和退修日期,让学生非常清楚地了解这些日期。这样不仅能增加学生关注日程安排的意识,还能提升他们遵守教学日程安排的责任感。

### 梳理和发放课程资料

教师常常整个学期都在分发与课程各个主题有关的资料。学生收到资料后会随手把它夹进手边的笔记本或文件夹,事后常常找不到了。教师最好在课前准备好需要的课程资料,与课程实施大纲一起发放给学生,这能帮助学生保存和使用所有的课程资料。课程资料名目,包括学生信息表、详细的作业信息和各种各样的评价表(包括评分标准、图表、课堂练习和其他可视化的课程资料等)。分发大量课程材料的替代方式是与学校印刷办公室合作,请他们复印这些资料,把这些资料组合成课程资料包,装订成册,由书店将这些资料与教科书一起销售。课程管理系统,如 BB 平台或网上校园中,有各种各样的文件夹,教师可以将这些课程文档、课程资料和作业进行在线储存,让学生在学期的指定时间下载和用于复习或打印。

使学生明确取得课程成功应承担的责任

课程实施大纲可以帮助学生实现自己对学习的控制，安排学期学习计划以及有效管理自己的时间。如果学生清楚地了解教师希望他们完成的任务以及完成任务的时间，明白教师为什么要他们去做某个特定的作业，他们更有可能在合理的时间内完成这些作业，并为上课和考试做好适当准备。课程实施大纲概述了学校和教师有关学术诚信、课堂文明礼貌行为、良好的人际关系和群体行为，学生便会学习和接受这些专业行为规范，这样他们就会知道在整个职业生涯和未来生活中如何相互影响。

描述主动学习的特点

学生通常把学习设想为获取正确的信息，但是他们可能并不知道，在学习过程中主动学习的作用已经超过了死记硬背和回忆。主动学习的经典定义来自伯维尔和艾森（Bonwell & Eison）：主动学习是"让学生参与到活动中，并思考他们需做什么"。由伯维尔维护的"主动学习网"（Active Learning Site）(http://www.active-learning-site.com/)包含了丰富的思想内容。对主动学习较为深度的检验是聚焦让学生建构自己的学习而带来的挑战。贝恩（Bain，2004）认为，最好的教师是那些"相信学生必须学习事实，同时学会运用事实对自己理解什么或应该做什么，进行决策……（这样的教师）会在丰富的难题、议题和问题情境中教授'事实'"。

在课程实施大纲中，教师可以把对学生主动性期望的描述包括进来。教师要说明课堂讨论的重要性，这样做有助于教师弄清学生在阅读中是如何处理信息的。要求学生带着准备好的问题进课堂，这有助于他们在课堂上展示自己的观点。结对学习，然后是小组合作，到最后的全班讨论，这可能是指导学生参与规模越来越大团队合作的一个策略。如果批判性思维、问题解决和探究学习是课程的一部分，教师要告诉学生，要思考多元化的观点和价值观念的冲突，并构想、分析和评价各种议题或问题的解决办法。可以向西尔贝曼请教，因为他曾经汇编过一百多个主动学习的策略，各个学科的课堂教学都可以使用这些策略。

尤其重要的是，作为老师，你必须知道学生希望从你那里学到什么。教师要告诉学生你的多重角色：课程专家、合法权利人、社交代理人、学习促进者、行为榜样、资深学习者、资源顾问、教练和法律顾问。强调和塑造以学习为中心的教学方式，可以减少学习过程中学生的不负责任行为。

帮助学生评价自己的课程准备情况

在课程实施大纲中，教师要告诉学生，选修本课程须具备什么先决条件，课前应掌握哪些知识和技能。回答这些问题可以让学生对自己真实的准备情况做出评价。课程实施大纲提供了下列信息：学生即将面临的挑战、假定的技能水平、课程学习要使用的技能以及他们在本课程将要学会的技能。

学生是在什么时候具备了选修本课程的先决条件？教师当然可以要求学生提供这些信息，可以在第一次课收集的学生信息表或数据表中要求学生提供。此外，教师还可以要求学生在第一次课的课堂练习和活动中展示这些知识，这可以为教师和学生提供评价依据。有些教师会进行诊断性小测验或知识调查（Nuhfer & Knipp, 2003）。在这个过程中，有些教师会使用一些自我评价工具和学习合同来协助学生。假如课程实施大纲写明了能为全体学生提供学术支持的学校行政机构和网络资源的信息，教师应该将学生如何求助的信息告诉学生，而不是临时再采取补救办法，这是一个明智之举。

将课程置于更广阔的学习情景

课程实施大纲可以提供一个视角，让学生看到教师在本学科中是一位主动的和有经验的学习者，不断地在本专业领域或学科中从事探究活动。许多学生并没有意识到，教师还在课外从事研究性和创造性的专业活动。学生通常仅把教师单纯地看作是知识与技能的传递者。

教师要鼓励学生以学者社区中的新手姿态进入学习情境。教师可以让学生把任课教师和其他教师看作有经验的主动学习者，可以在本领域一般和专业知识的内容上与实践上提供专家引领。

课程实施大纲要向学生提供信息，让学生清楚本课程在学科或专业、在常规课程安排以及在自己的教育计划之中，处于什么样的位置。教师要让学生意识到，每一个学科或领域都有其独特的学习方式。例如，"学习物理"与在文学课上阐述对诗歌的解释是截然不同的。教师要鼓励学生进入到学科之中，就如同人种志实地研究者（ethnographic field-workers)想要理解某种社会和理性实践一样。要向学生保证,他们在学习如何使用本领域的特有探究工具与模型、解释模式、话语实践以及本领域受到重视的研究成果时,教师会给他们提供指导。

建构课程的理论框架

课程实施大纲能为课程的主要理念、主题和真实信息提供支撑,大纲中供学生思考的问题或议题,其分布范围覆盖了从学科主题或关键问题到课程读物重要章节含义的所有内容(Bean,1996)。把学科的观念置于现实或地方各种事件或新闻的背景之中,这样学生就能明白课程主题和他们日常生活相连。这类框架会帮助学生组织信息并聚焦学习。

罗列学生可以获得的学习资源

教师可以列出对学生有用的学校资源,如图书馆、预约登记处(reserve desk)、阅览室、实验室、学习中心、电脑教室和电脑工作室(包括这些资源的地点、学生使用要求和政策),此外还有其他相关的信息,如CD、DVD、海报打印和复印服务等的地点和使用办法。教师也要注明某些特定的书籍和视频购买处,以及各种各样的维基百科和博客的网址。

交代课程中技术的作用

计算机、计算机网络和新技术提升了我们获得信息和与他人沟通的能力。技术给师生提供了各种学习工具,使用这些学习工具可以促进思维,规划和修正学习目标,监控和反思学习过程,建立和使用个人的知识文档,分享公用数据库,构建自己的数据库,使用电子表格,运用统计软件,写日记,撰写文本,阐释和修改文本,建立研究文档或文件夹等。各种新技术,如播客、博客或维基,为个别辅导或讲座等直接教学、研究和作业展示提供了资源工具。有些教师会使用更为尖端的技术,以增加教学吸引力,让学生"落入圈套"(pitfall),如视频网站(如YouTube或Second Life)。使用新技术,某些学生可能容易接受,但在教学中运用这些技术的效果可能还没有显现出来。教师花时间向学生介绍自己打算怎样使用技术,指导学生去了解学校的相关支持,这样他们就能提高运用新技术的能力(Windham,2007)。

电子讨论板（electronic discussion board）为师生相互交流提供了有用的途径，也为丰富课程的内容目标与过程目标创造了新的方式（Bozik & Tracey,2002）。教师可利用讨论板发布作业，评论课堂作业或实验室作业，发布重要的课堂信息；学生可利用讨论板向教师和其他同学提问，参与课外讨论活动。沃勒尔和克莱恩（Worrall & Kline）发现，创设"单独的讨论线程"（separate discussion thread），对课程内容有关观点的交流和非正式讨论，是很有必要的。如果要求学生在在线讨论中提出一些富有思想的评论，教师一定要在课程实施大纲或其他地方给他们提供一些案例，这些案例有的是学生可接受的，有的是学生不可接受的，这就需要他们收集相关证据并提交给教师。如果要求学生在发给教师和同学的邮件以及在在线讨论中，使用语法正确和用语规范的英语，教师一定要向他们说明网络礼节（netiquette）。课程管理系统可以让某个接收者或所有接收者随时准备发送、接收、阅读和检查文档。教师一定要告诉学生，自己通常会在多长时间内回复一封邮件或网络帖子。因为"千禧一代"可能希望能得到教师的立即回复，他们会在课程实施大纲中寻找教师的相关许诺，比如教师会在"48小时之内回复，但不包括周末"。

研究显示，学生们能从鼓励协作学习和合作学习的环境中获益（参见上述有关 NSSE 和学生参与度调查的讨论）。网络和群组软件（如 Lotus Notes 和 Microsoft Exchange）创造了异步合作的机会（如参与者可以分享他们在不同时间与不同地点所做的事情）。网络写作环境鼓励学生多写，多相互学习（Byington,2002）。在线讨论群组能促进那些可能不愿在面对面课堂环境中参与讨论的学生更充分地参与讨论（Polyson,Saltzberg & Godwin-Jones,1996）。

提供难以获得的阅读材料获取途径

有时候，在无法获得系统完整的有关学科前沿文献的情况下，教师必须开发前沿课程。这种课程的课程实施大纲可能包含要求学生阅读的文献，也可能包含一些在课程教科书中找不到的补充信息，还可能包含对在正式教学中讨论的议题进行补充、综合、利于批判反思的材料，或包含课堂讲授没有涉及的议题的材料或课程内容没有考虑到的、来自持其他观点的人提出的问题的材料。以这种方式使用课程实施大纲，教师要明确课程所选阅读材料必须有版权许可。当然，与将这些资料作为课程实施大纲的附件打印出来相比，把这些资料放在课程管理系统中,效率要高得多。当然,课程实施大纲还应提供还不能被打印的或者更容易在网上获取的新材料的网址。有些大学图书馆会为教师和学生提供电子课程检索网站。

提高学生课堂笔记效率

认真记录的课堂笔记是主动学习的重要资源。主动思考者会把从阅读、讲授、展示和自己对主题的沉思中得到的观点记录在笔记和日记中。大多数学生在高中没有学到好的记笔记技能,因此帮助学生提高笔记的质量很重要。要让学生提交描述课堂讲授和课堂展示的大纲,教师一定要清楚地告诉学生,课堂笔记需要记什么,给他们留有自己解释和消化课程资料的余地。诺德(Noyd)开发了一个非常精彩的互动策略,称为"笔记者"(note-takers),作为"演示文稿(PowerPoint,PPT)毒害"的解药。现在,教师通常通过课程管理系统,给学生提供所有的讲课PPT,这样做导致课堂出勤率下降。"笔记者"是讲课者使用的部分授课大纲,包括在课堂中给予学生的各种学习活动机会,如要求学生独自完成的练习和合作解决的其他课程相关难题。这个策略使学生积极地参与到完成笔记的过程中。如果教师打算采用诺德的策略,一定要在课程实施大纲中列举"笔记者"的案例。教师也可以在课程实施大纲中介绍自己课程要求的特定学习技能。按上述方式,课程实施大纲的内容会给教师组织和聚焦学生的笔记和学习情况带来帮助。帮助学生获得学习工具的资源非常丰富。有关教学咨询方面的支持已由登博(Dembo,2004)、唐宁(Downing,2005)、海曼和斯洛米安可(Heiman & Slomianko,2003)写成了教材,他们也提供在线援助(参见 http://www.learningtolearn.com/)。

指导学生寻找为课外学习提供支持的材料

如果以深层学习原理精心构建课堂教学,那么许多学习可以并且应该在课堂之外产生(Rhem,1994)。布置能激励学生掌握基础知识的家庭作业,然后在上课时利用这些家庭作业促使学生进行互动和主动学习。米莉斯和考坦尔(Millis & Cottell)提出的合作学习原理可使这些活动更具结构性和集中性。例如,你可以给学生一页(或者更短)的书面作业,让他们对曾在课堂讨论过的阅读材料中的论点或主张提出支持、拒绝或修改意见。甚至更简短的家庭作业,如完成一幅思维导图(graphic organizer)(一种描绘和连接学习概念的可视化方式)——如赞成-反对-告诫网格作业(pro-con-caveat grid)①——可帮助学生集中注意力,理清思路。这个家庭作业工具只是一个由三部分组成的表格,学生可以带入课堂并在随后的讨论中使用它。它要求学生去阐明(要求学生对表格的每一栏做简短并有批判性的回答)某个行动为什么能被接受的理由,不能被接受的理由,以及在做决定前可能要考虑的其他事情。教师也可以在课程实施大纲中提出一些策略,让学生改变课外学习时间,这可以帮助学生用批判的眼光研读教科书,补充阅读材料或者完成其他作业,使他们为上课做更充分的准备。教师也可以为他们提供自我检测的作业,让学生监控自己的学习进程。关于改进课外学习的14种方式的论文,请参见霍布森(Hobson)在IDEA②网站上发表的论文,网址是http://www.idea.ksu.edu/。

一些重要的研究表明,学生即使掌握了课程资料,他们并不能直观地了解如何学习不同的学科或如何监控自己的学习进程。教师可以帮助学生理解一个作业是如何与一个课程主题相关联的,以及为什么它在课程情境中是有意义的(Bransford 等,2000)。教师也能帮助学生理解他们为做好上课准备而付出的努力与他们成功完成作业和取得课程学习成果的关系非常密切(Svinicki,2004;Tagg,2003)。因此,教师在设计课程实施大纲时,要考虑如何激励学生,如何为学生的学习提供支持。

规定师生职责的学习合同

作为一份协议,课程实施大纲规定了教师和学生双方的职责,也代表了学院或大学的意见。有些大学总顾问办公室的法律专家反对把课程实施大纲看作合同。在使用法律术语"合同"与学生讨论课程实施大纲之前,教师要了解一下,学校是否将大纲看作合同,这是一个很好的想法。然而,课程实施大纲传达的含义是教师如何承担教学的

---

① 赞成-反对-告诫网格作业(pro-con-caveat grid)要求学生思考某个决定,列出支持或反对的理由,在第三栏列出某些告诫。例如,经济学教师要求学生探讨在他们城市的某个社区建医院的赞成或反对的理由,并提出某些告诫;或在他们读完一个双职工夫妇的案例研究后,要求学生(从利益的视角)列出赞成夫妇俩申请联合所得税申报表和(从成本的视角)反对夫妇俩申请联合所得税申报表,及夫妇俩应该考虑的一些告诫。这类作业通常能调动大多数同学的积极性,因为他们可以把讨论与自己的现实生活问题联系起来。——译者注

② IDEA,即Individual Development and Educational Assessment的缩写。IDEA中心是一个非营利性组织,其宗旨是帮助高校致力于提高学习、教学和领导绩效。——译者注

责任,学生如何学习课程新的内容和掌握新的学习策略,也开始重视探究技能、终身学习、尊重他人、伦理思维和公民意识,这些含义本身包含在了"合同"这个术语的内涵之中(Colby, Ehrlich, Beaumont, & Stephens, 2003; Rocheleau & Speck, 2007)。课程实施大纲是一种传递工具,告诉学生教师打算如何使本学期的课程和专业目标与大学目标相一致。课程实施大纲所包含的信息反映了教师的价值观、理想和美德,这些是高等教育的核心。有些大学,相关政策陈述是标准化的,比如学术诚信、方便残障学生的规定、校园文明礼仪等。

一旦学生投诉教师的教学策略或课程要求或对教师的打分和评价决定提出异议,这种标准化的语言可以保护教师和学校。因为课程实施大纲非常详细地公布了课程的要求,相当具体地说明了相关政策,这样就可以达到两个目的(Rocheleau & Speck, 2007)。首先,学生知道他们需要做什么来获得课程的成功。其次,学术领导人(系主任、院长、行政管理人员)能够根据课程实施大纲为教师辩护并提供保护——也就是说,当学生的异议变成不满时,可以用课程实施大纲来支持教师做出的决定。法律辩护是一件严肃的事,教师一定要熟悉学校的相关政策,如考勤、考试、退学或插班、退修、学习和行动障碍、学术诚信、作业退回、成绩修改等,并保证课程实施大纲在系办公室有存档。如果了解了以学习为中心的课程实施大纲的诸多功能,教师就可以开始在课程中使用它了。

## 以学习为中心的课程实施大纲的使用

当学期开始时,一件重要的事情是找机会让学生熟悉课程实施大纲。传统做法是,教师在第一次课上单独向学生介绍课程实施大纲,并对大纲内容做详细说明。在以学习为中心的教学中,许多教师正在重新考虑这个传统。当然,教师也会在第一天分发课程实施大纲,但是,因为几个方面的原因,他们不会向全班同学详细说明课程实施大纲。例如,许多教师想在学期开始时向学生传达一个信息——课堂时间是宝贵的,因此,上课第一天就要聚焦学习活动。除了开展与课程内容有关的活动外,教师可能也会对学生已有的知识水平进行评价,收集学生选修本课程的原因,或者了解他们的学习期望。创造上课第一天的新传统,可以改善目前第一次课出勤率普遍偏低的状况。学生认为,"第一次课要做的全部事情就是拿到课程实施大纲,然后走人"。这种心态使学生既不重视课程实施大纲,也不重视第一次课的出勤。从课程开始那一刻,教师就强调出勤的重要性以及它与学习的联系,有利于课程聚集学习活动。

教师如何尽早传达这一信息?如果教师在使用在线课程管理系统,比如 BB 平台或网上校园,他们可以在课前公布课程实施大纲,同时公布一个通告或一个作业,要求学生在课前为课程实施大纲的讨论做好准备。通告也会提醒学生,教师打算建设性地利用全部课堂教学时间。通过最便利的媒介,在学生到校之前就发布课程日程是一个好主意。教师也可以公布学习活动的日程安排,包括课程实施大纲所涉及的要求学生在课堂上参与的讨论或练习。虽然在许多大学,教师可以假定学生已经查看过学校邮箱并拥有课程管理系统账号,但教师还是要在第一次课上确认所有学生都可以访问相同的资源。有些学生可能对学校里提供的基本技术支持还不熟悉,教师需要在课程开始时检查各项技术使用情况,发现班上一些技术高手,让他们担任同伴导师;或了解到一些技术新手,让他们到学校去,让相关部门帮助他们熟悉这些工具。

教师可能得用一些具体的策略,确保学生能仔细地阅读课程实施大纲。例如,教师可以让学生在课外阅读并评论课程实施大纲,确定教师的角色,阐述自己的角色,并提出一些问题,写一篇小论文对此进行阐述。这篇论文可以通过电子邮件递交或者通过课程管理系统递交,这样教师就可以在下次上课之前进行阅读和评价。如果课程实施大纲能在线下载,可以要求学生进行阅读和评论,学生可以点击几下鼠标,上传自己的看法和回答。教师也可以在下次课做一次有关课程实施大纲的小测验。教师的另一个策略是将班级分成若干小组,给每个小组指定大纲的一个部分,再给每个小组一定的课堂时间评论和澄清指定部分。课程实施大纲经过讨论之后,小组成员要像专家那样,回答其他学生针对指定部分提出的问题。

教师要在学期第一周花时间讨论课程实施大纲的各个部分,并将这个讨论延续 2~3 次课,这可能会产生好的效果。教师要向学生强调,你已经通过课程实施大纲尝试预估了他们的学习需求。因此,课程实施大纲不仅包含支持他们学习所需的内容,也包含有助于他们主动、有目的和有效学习的有用信息。让学生参阅教师有关教学哲学的陈述,说明这一哲学是如何在课程目标、学习活动和教学要求中反映出来的。给学生足够的时间,从他们的角度讨论他们的课程角色和责任,这会使他们更加熟悉并适应主动学习和教师的期望。

韦默赞同这个观察和告诫:"学生和教师除了保证对以学习者为中心的教学有积极回应之外,对其他的教学几乎都会有抵制。"她对这种抵制现象做了大量解释,建议教师对所经历过的抵制现象和采用的回应策略进行分析。

教师要经常回顾课程实施大纲,在整个学期里不断鼓励学生养成在课程学习过程中使用课程实施大纲的习惯,把课程实施大纲当作学习的参考。要对教师在课程实施大纲中建议的学习工具和使用策略进行讨论。如果课程实施大纲中包含了教师要在讨论或讲授中使用的一些重要术语,教师要让学生明确这些术语的定义,鼓励他们寻找到其他定义,或者鼓励他们逐渐理解这些术语以后形成自己的定义,并把这些术语与应用性的情境联系起来。如果课程实施大纲已包含各种工具,教师打算用这些工具帮助学生记更多有用的笔记,或者用作不同类型讨论的基本规则,那么,教师在教学过程中,当这些工具最适用时,请时不时地提到它们,如此可以使这些工具产生最大效用。

在讨论新作业和探讨某些特定的作业与课程目标的关系时,教师要用课程实施大纲作为参考。教师要鼓励学生自己做笔记,并详细描述做好笔记的要求。教师要预留一些时间讨论作业。本次作业的学习目标是什么?学生有多少自由可以自己的方式学习?评价标准是怎么确立的?标准是否足够清晰,是否可以让学生评价自己的学习进程?教师估计作业将如何进行,什么时候会帮助学生评价他们的学习进程?在什么地方教师会和学生一起制定作业评价标准?学生的口头表达或小组展示为确定评价标准提供了合理依据。人人都能在听课过程中表现自己的展示技能。

临近测验、考试或其他评价时,教师要预留时间,回答学生有关评价的问题,听取学生的建议。向学生提供一些具体的学习成果例子,这些例子教师已经进行过评价,评价标准与将要使用的是一样的。教师要考虑例子是可模仿的,是其他学生完成的真实例子,能反映出教师对学生的期望,也将能经常激励学生努力完成自己的作业(Weimer,2002;Wlodkowski & Ginsberg,1995)。通常,写作课教师会提供一些以前学生写的优秀的和较差的论文例子,让学生用结构合理量表(a well-constructed rubic)进行评价。随着学生的熟练程度提高,他们对质量差异的分析能力可以使其开发自己的评价标准,形成自己的评价量表。对其他人的论文进行批评,能帮助学生形成教师对他们的论文写作有何期待的真实概念。

教师可以把课程实施大纲当作一份可以讨论的协议,也可以当作一个经过深思熟虑制订的计划。如果教师在课堂上发现学生的状况和课堂的情况与预想的不一样,教师愿意调整这个计划的结构(Weimer,2002;Wlodkowski & Ginsberg,1995)。在期中或者其他合适的时间做一次问卷调查,这可让教师捕捉一些有用的信息,帮助教师决定是否需要修改课程实施大纲,是否需要强化学生学习过程中的责任感,以及是否需要更加关注学生的学习成就。用半页纸提示一下自己:"我应该停止做什么?开始做什么?继续做什么?"这会非常有用。如果学校进行期中在线反馈调查,教师要利用这一资源,了解学生课程学习体验,解释正在使用的教学策略。如果学校没有进行期中在线反馈调查,教师可以自己设计调查,让学生来实施调查和收集数据,保证班级其他学生都是匿名回答的。小组教学诊断(Small-group Instructional Diagnosis,SGID)是用来评价学生学期中课堂体验的另一种工具,教师可以对调查结果给予反馈(Black,1998;Redmond & Clark,1982;Wulff & Nyquist,1986)。在 SGID 中,受过训练的教师、助教或来自学校教与学中心的咨询人员用两个问题对班级进行访谈,并根据学生的回答达成共识:在这个班级中,哪些能给你的学习带来帮助?在这个班级中,什么使你的学习得到改善?访谈过程耗时 45 分钟,每个问题会概括出 3~4 个建议,访谈者会将这些建议转给任课教师。

以学习为中心的课程实施大纲是一份充满活力的教学文档,是课程不可或缺的重要部分,它能激励和支持学生参与学习和互动,也能带来教师所提倡的主动、有目的和有效的学习。

# 第二章　课程实施大纲组成部分示例

本部分提供了课程实施大纲各个组成部分的示例,某些示例可能是教师需要的,可以为教师从学习中心视角编撰和修订课程实施大纲提供帮助。一般来说,不管怎样,课程实施大纲都应包含下列内容:

- 课程描述,包括课程的目的和目标;
- 课程结构纲要及其在常规学习计划中的意义(尤其是其与众不同的方面对学生来讲可能是全新的);
- 讨论师生应当承担的责任,包括完成学习任务参与学习活动与过程,遵守教师认为富有价值的行为准则,制订学习计划以及尽可能地丰富大学生活等;
- 清晰地阐释评价标准和评价办法——也就是说,教师要对学生怎样较好地完成和达到课程目的和目标给予反馈;
- 描述课程的关键流程和步骤,包括学习活动和课程作业在什么时候、什么地方进行。

以下各部分所列的示例,材料来源非常广泛,包括传统的面对面课程、混合式课程和在线课程。这些示例主要选自本科课程,也有一些是研究生课程。虽然这些示例并不一定是按以学习为中心的框架编写的,但从学习中心的视角看,每个示例都是有价值的。我们希望这些示例能为教师设计适合教与学具体条件和环境的以学习为中心的课程实施大纲提供帮助。

## 课程实施大纲组成清单

课程实施大纲包含哪些内容,是由学生的需要、教师任教的课程

类型和课程的基本原理决定的。当教师准备课程实施大纲时,这份清单可以提供一个指南。课程实施大纲的条目见下列示例:

- 课程实施大纲目录
- 教师信息
- 学生信息表
- 给学生的信或教学哲学陈述
- 课程目的
- 课程描述
- 课程目标
- 参考读物
- 课程资源
- 教学日程
- 课程要求
- 规定和期望:出勤、作业迟交、缺课补习、课堂行为和课程礼仪
- 制度和期望:学术诚信、方便残障学生的声明和校园安全
- 学习评价
- 评分规则
- 如何获得课程学习的成功:研究和学习工具

## 课程实施大纲目录

如果你是一名教学经验不太丰富的教师,需要以扩展的课程手册形式组织你的课程实施大纲时,就需要一个封面和目录。因为学生常常会根据即时需要阅读课程实施大纲的各个部分,所以,目录对学生查阅大纲内容很重要。有了目录,学生就可以容易地找出所需项目。

教师要根据课程内容确定课程手册的组织方式。要从整体上考虑课程,或者更好的办法是将课程划分为单元(如目标、作业、评价)。

**示例：条目**

参考读物 ………………………………………… 2
E-学院 …………………………………………… 2
课程要求与作业 ………………………………… 2
课堂学习准备与参与 …………………………… 2
写作和写作中心 ………………………………… 2
哲学传统 ………………………………………… 2
哲学团队、哲学家研究团队、哲学家圆桌会议 … 3
哲学挑战 ………………………………………… 4
伦理 ……………………………………………… 5
伦理挑战 ………………………………………… 5
期末文件夹 ……………………………………… 7
评分标准 ………………………………………… 8
教学日程 ………………………………………… 11
德克萨斯基督教大学助残服务声明 …………… 11
评价标准 ………………………………………… 12
课程规定 ………………………………………… 12

示例来源：EDEC4113：Learner-centered Foundations of Education Texas Christian University，M. Francyne Huckaby，2006.

# 教师信息

　　课程实施大纲要提供任课教师的信息，以便让学生知道任课教师是谁以及如何联系。学生总是希望知道可以在什么地方、什么时间和通过什么方式与教师接触。可以方便地与教师接触对学生来说是很重要的，除非教师提供具体的会面方式，否则学生会希望教师一周7天、一天24小时都能给予回应。如果课程由多位教师承担或者由带助教的教授承担，方便学生与教师团队接触也很重要。在课程实施大纲中介绍自己，教师要列出教育经历和研究兴趣。在下面的示例中，有些教师简单地向学生介绍了自己的兴趣和个性。

### 示例 1：教师信息

卡尔·史密斯(Karl Smith)和沃恩·沃勒尔(Vaughan Voller)的联系方式。

如果你必须在办公时间之外联系史密斯，也是相当容易的；如果你是邻居，你可来敲门试试(土木工程楼 236 室)，如果没人回应你，你可在记事本上留言，我会给你打电话；想打电话给我，号码是：625-0305，如果电话没人接听(我可能在开会，可能在打电话，可能不在办公室)，你可在语音信箱中留言，我会给你回复。发 E-mail 给我(这可能是和我联系最可靠的方式)，我会尽快回复。我通常白天阅读电子邮件，几乎每晚 10 点左右也会阅读邮件并马上回复。如果你想和我见面，又不能在上班时间来，你可和我联系并约定时间。

沃勒尔的办公室在土木工程楼 167 室。他的电话号码是 625-0765，但最好发 E-mail，地址为：volle001@un.edu。

示例来源：UHC1105：Building Models to Solve Engineering Problems, University Honors College, University of Minnesota, Karl Smith and Vaughan Voller, Summer, 2003.

### 示例 2：教师信息

教师：雷·菲佛(Ray Pfeiffer)，哲学博士，注册会计师，副教授
办公地址：管理学院 355 室
邮件地址：pfeiffer@acctg.umass.edu
个人网页：http://intra.som.umass.edu/Pfeiffer(含课程网络地址)
办公室电话：415-545-5653
办公室信箱：位于管理学院 230 室
办公时间：周一至周四 11：00—12：00 或另约时间
教育背景：1983 年，斯特劳兹堡高中(宾夕法尼亚，斯特劳兹堡)；1987 年墨瑞维恩学院(宾夕法尼亚，伯利恒市)学士(会计)；1994 年，北卡罗来纳大学教堂山分校哲学博士(会计)。

工作经历：2000年至今，马萨诸塞大学副教授；1994—2000年，马萨诸塞大学助理教授；1987—1990年，德勤会计师事务所（Deloitte & Touche）审计员；1996年夏，公司会计（实习），分别在宝石（Stone）、赛弗斯（Cyphers）、迈可易（McCoy）、德安吉洛（DeAngelo）实习。宾夕法尼亚州和北卡罗来纳州注册会计师。

研究兴趣：财务报告问题，财政报告条例，公司财务和财务信息公开，股票投资者对财务报表信息运用。

业余爱好：弹钢琴（最喜欢爵士乐），编曲/作曲和听音乐，网球，滑雪，烹饪，看电影，关注政治和大学篮球赛。

联系方式：可随时给我办公室打电话，或者发邮件给我，或者直接来办公室找我。我会定期检查电子邮件，但在正常上班时间不可能有一个很快的邮件回复。

示例来源：ACCTG322：Financial Reporting Ⅱ，University of Massachusetts Amherst，Ray Pfeiffer，2006.

**示例3：教师信息**

（用审慎的幽默方式）
课程责任人：
姓名：罗纳德·A. 伯克（Ronald A. Berk），哲学博士，美国有线新闻网、音乐电视网、DNA音乐、教授
办公室：433室
电话：410-955-8212
E-mail：rberk@son.jhmi.edu
办公时间：
周一、周三、周五：上午7：00至下午3：00
周二、周四：晚上9：00至凌晨2：30
所有法定和非法定假日办公室开放。
周日要修养身心，办公室关门。

示例来源：NR1003.513.0101 Inferential Biostatistics，Johns Hopkins School of Nursing，Ron Berk，2005.

## 学生信息表

有多种策略能保证教师及时收集到学生的联系信息。老办法是开学第一周下发信息卡,让学生填写名字、邮箱地址、邮寄地址和电话号码。替代办法是在课程实施大纲中加入一页学生信息表,让学生填好,下次课返给教师;教师也可把信息表上传到网络课程管理系统,作为学生的第一个作业,完成后在线提交。下面的示例,教师可根据课程的特定要求和常规需要加以改编。这个示例是密苏里大学圣路易斯分校的玛格丽特·科恩撰写的,可在教与学中心网站下载,网址:http://www.umsl.edu/services/ctl/instr-support/echng-res.html。

**示例:学生信息表**

请完成这个信息表,并在下次上课时交给我。根据这些信息,我会规划本学期的教学,了解各位的情况,如果有需要,我会通过邮件、电话和你们联系。没有各位许可,我不会和任何人分享你们的个人信息。

学期:＿＿＿＿＿＿＿＿＿＿＿＿＿＿＿＿
参考号:＿＿＿＿＿＿＿＿＿＿＿＿＿＿＿
姓名:＿＿＿＿＿＿＿＿＿＿＿＿＿＿＿＿
学号:＿＿＿＿＿＿＿＿＿＿＿＿＿＿＿＿
地址:＿＿＿＿＿＿＿＿＿＿ 公寓:＿＿＿＿＿＿＿＿
城市:＿＿＿＿＿＿ 州:＿＿＿＿＿ 邮政编码:＿＿＿＿＿
通过电话与我联系,联系电话为
家庭:＿＿＿＿＿＿＿＿＿＿＿＿ 单位:＿＿＿＿＿＿＿
移动电话:＿＿＿＿＿＿＿ 其他:＿＿＿＿＿＿
本校 E-mail 地址:＿＿＿＿＿＿＿＿＿＿＿＿＿
请说明在本学期和本学年,你完成这些课程所选的先修科目:
[填入课程名称与编号]:＿＿＿＿＿＿＿＿＿＿＿＿＿
[填入课程名称与编号]:＿＿＿＿＿＿＿＿＿＿＿＿＿
你修的是学位课程,还是证书课程:＿＿＿＿＿＿＿＿＿

目前你已经完成了多少学分：_____

请说明你为什么要选修本课程，本课程对你攻读学位和证书有哪些帮助：
_____

你对本课程有何期望？_____

简短地描述一下你与本课程有关的就读经验或课程经历：
_____

如果你需要教师提供特殊照顾，请尽快提出并告知我：
_____

# 给学生的信或教学哲学陈述

在课程实施大纲中附上一封给学生的信能使课程更富个性化，这有利于减轻学生的不适，能为课程创设一种对话的氛围。在第一次上课前，有些教师会通过课程管理系统给学生发一封欢迎信，信中可陈述自己的教学哲学，这种方式也有助于学生熟悉作为专业人员的教师。

科林斯指出，和第一代大学生交流具有非常重要的价值，这些学生可能觉得高等教育是一个封闭的系统，并不欢迎"外来者"(outsiders)。科林斯强调说："这些新来者是我们的学生，对他们而言……高等教育的规范和基本规则，既不清晰也没什么价值。"为此，我们所能做的事情，就是要帮助所有学生，让他们在课程学习中有舒适感——给学生写封信，公开告诉学生教师准备怎样上这门课，为什么这样上课（教学哲学）——这对激励学生取得课程学习成功大有裨益。包括教学哲学陈述在内，这封信澄清了教师有关教学过程的价值观，为证明教师组织课程教学的合理性奠定了基础。

**示例1：给学生的信**

非常感谢你选修作文Ⅰ。虽然你可能仅仅将本课程作为进一步学习的阶梯，但我希望你认识到，随着课程的进展，你将学到一些终身有用的技能，这些技能不仅可以帮助你学好其他课程，而且还有助于你的职业生涯发展和个人生活。授课地点在计算机教室,所以,你也将学会一些重要的计算机技能。

课堂上,你将有机会针对不同的情形和受众练习写作。你将会更充分地了解写作过程,掌握最合适的写作策略。你将学会与别人分享你的观点,找到如何按照自己的理解和他人的视角进行写作的方式。如果你保持开放的心态,愿意参与,你将会轻松愉快地改进你的写作技巧。当然,本课程也会要求你承担一些责任:如按时上课不缺勤,按时提交作业等。我对你的期望很高,因为我知道对你的这些要求,你是可以做到的。

根据学习中心理论(Chickering & Gamson,1987),我提出了本科教育的七项教学原则。为帮助你更好地理解这些原则,我将其罗列如下:

第一,良好的教学需要师生交流。

师生交流可以增强学习动机和参与度。我希望你知道,在办公时间、在学校写作中心,你随时可以和我见面,也可以随时通过电话或邮件联系我。如果你学习中有困难,请随时告诉我。

第二,良好的教学需要同学之间的合作。

最好的学习方式是合作和协同,而不是竞争与孤立。我们会像一个团队在一起学习,团队作业要求团队所有成员合作。这就意味着你需要掌握倾听和表达的技能。

第三,良好的教学需要主动学习。

当学生通过写作实践,将过去的知识与现在的信息联系起来,将知识运用于日常生活,从而主动地学习,这样的学习收获将是最大的。我不是一个讲授者,我会解释某些新的策略或功能,然后让你们将其运用于实践。当你们进行实验、发现和创造时,你们一定会提出各种问题。

第四,良好的教学需要教师即时反馈。

学生经常需要有机会检测自己的能力,反思学到的知识;他们需要学习,需要对自己进行评价。我将尽快返还你们写的论文,让你们从错误中学习,修正不足,在下一次写作中减少这些错误。

第五,良好的教学需要重视时间管理。

学生需要在时间管理上得到帮助,而教师是这方面最好的榜样。我将努力承担起这一职责,明智地使用教学时间。我希望你们也这样做。

第六,良好的教学需要高期望。

对学生学业优秀的期待,可以转化为自我实现的预言,所以,当教师和学校对学生抱有高期望时,他们就会格外努力。

第七,良好的教学需要尊重多元化的才能和多样化的学习方法。

进入教室学习的学生有各种不同的学习风格和背景。教师要丰富课堂教学,提供机会,让所有学生展示自己的才能,并以最适合自己的方式学习。

让我们共度一个充满快乐与收获丰硕的学期。

祝大家好运!

埃伦·莫尔

示例来源:Composition 121,Johnson County Community College,Ellen Mohr,2006.

**示例 2:教学哲学陈述**

作为一名教师,我的目标是激励学生努力学习,挑战自身,挖掘自己最大的潜能。为了帮助学生达到这些目标,我秉承以下教学哲学:

(1)我认为,作为教师,我的目标是超越会计学课程教学本身。帮助学生成长,支持他们的智力和专业发展,挑战他们的自我预设,并拓展他们的世界观,这些与专业本身一样重要。我认为,只有激起学生自主学习的动机,作为教师,我才是成功的。我的理想角色是帮助每个学生唤起内心对知识的好奇。我认为,好奇感是最有价值的教育资源。

(2)我认为,教师应该给学生以挑战,使之达到高标准的学业成就,并给他们提供达到这些标准所需的资源。我相信,在这样的学习情境中,任何人都能学会他想学的任何东西。

(3)在学习过程中,我会非常认真地扮演好我的角色。我希望学生知道,在他们学习的成功或失败中有我个人的投入,因为我深深地关注着他们的学习。

(4)我认为,学习最重要的因素是构建知识框架。没有知识框架,学生不可能将事实、规则、观念和技能内化。有了知识框架和构建自己知识框架的能力,学生就会成为批判性思想者,这样才能成为更有效的学习者和专业人士。

(5) 我认为,我应该持续地改进我的教学技能,更新我的课程内容。我必须在教学内容中引用本专业最新的学术文献,紧随专业实践的发展;寻找新的方法,使课程资料能激发学生的好奇心;有效利用上课时间,并引入新的、适合不同学习风格的教学手段,努力提高自己,使我的教学能力达到学生的要求。

对教学的爱是我学术生涯追求的第一动力。在我 11.5 年的教学生涯中,我认识到,我热爱教学远胜过我所能想到的任何其他职业。作为教师,教学是我对专业、大学和社会贡献的最重要部分。因此,对我来说,教学工作是我持续获得巨大个人回报和带来无限激励的事业。

示例来源:ACCTG 322:Financial Reporting Ⅱ,University of Massachusetts Amherst,Ray Pfeiffer,2006.

### 示例 3:教学哲学陈述

我的课堂规则:
(1) 我认为,太多的课堂规则会阻碍良好的教与学。
(2) 最佳的教学并非最快乐的教学,而应是可调节的、灵活的、动态的教学。好教师必须是一个思维敏捷、能即兴发挥、能在毫秒之间做出决定的教师。
(3) 警告!警告!!再警告!!!如果你是教科书每一章节都需教师讲授的那类人……那么,选修本课程将使你感到非常沮丧。课堂教学不可能涵盖全部内容,但我们还是会重视技能练习。如果课堂教学偏离了正常轨道,你绝对有权打断我。当然,有时课堂上讨论一些与课程无关的事也是有必要的。
(4) 我不能只是走进课堂,我得全身心投入课堂。
(5) 你在课程中获取多少知识并在多大程度上理解它们,取决于你在学习上的投入。
(6) 教学是师生合作完成的,而不是教师唱独角戏。
(7) 对我而言,还有什么能比关心、仁慈和对学生学习的承诺更伟大、更有力和更有效的事呢?
(8) 如果哪一节课我没有和你们一起开心地笑,那么这节课无异于浪费时间。
(9) 如果我持开放的态度对待学生的希望,那么我会对学生着迷。

（10）一致的教学并不意味着始终采用一样的方法教学。很多时候，一致性教学意味着要忘记呆板的教学方法。

（11）如果想在教学中获得自由与快乐，我必须摆脱常规并克服厌倦。

（12）注意！如果一节课师生双方没有共同投入，这节课就没有任何价值。那真是太糟糕。

（13）我会聚焦学生及其学习，谨慎思考后面的课题与教学。

（14）我走进教室，不是希望学生失败，而是希望他们学习并取得成功。我会尽力帮助每一个学生实现他们自己的期望。

（15）班级是"个人的集合体"，我将努力把班级看成是一个由多样化和个性化的神圣个体组成的人类群体。

（16）在我的课堂上，每个学生都是全新开始。我努力只根据课堂表现评判学生。

（17）我关心每一个学生。如果学生不努力或没有成功，我会感到失望甚至沮丧。这很正常，但是我不会停止对他们的关心。

（18）如果教师不能让学生变得更好，那就意味着他们没有遵循3R原则①。

*示例来源*：MGT-300-02：Principles of Management，Saint Louis University，Mike Shaner，Spring 2006. Louis Schmier originated the Rules of the Road concept for history courses he teaches at Valdosta State University in Georgia.

## 课程目的

课程实施大纲的下一部分——课程目的——应该聚焦为什么要学这门课程，它是如何与更大的课程计划相融的，以及它是为谁设计的。课程实施大纲这部分是让教师讨论"课程定位"（course alignment）——即本课程如何与本专业的其他课程以及与大学整体使命相协调。如果学生一开始就理解了你设定的目标，那么此后你就能和学

---

① 3R原则：尊重自己（respect for self），尊重别人（respect for others），对自己的行为负责（responsibility for all your actions）。——译者注

生深入地讨论这些目标并和他们一起实现这些目标。教师要向学生揭示课程与学生在大学取得成功和实现职业目标之间的关系，这可以激发学生对学习课程的兴趣，提高积极性。

### 示例1：课程目的

当今，我们生活在一个全球化的社区之中，与不同文化背景的人们的交往越来越频繁。跨文化接触使我们的生活更加复杂，也使我们有机会从新的视角看待自己和他人，为我们开启了通向未知的冒险航程。因此，打一个比方，学习本课程就是理解和开始了一段新的旅程。

课程本身并不僵化古板。我们不仅要记住课程目标、课程主题、课程专题、课程资源和课程活动，而且我们要乐意经历艰难曲折，一起探索那些我们认为值得探索的地方。

示例来源：Seminar on Intercultural Interpretations, Duquesne University, Cynthia Lennox and Laurel Willingham-McLain, Fall 2005.

### 示例2：课程目的

"我们需要回归家庭价值观"，这是我们在媒体中经常听到的话题。当代美国社会变化急剧，传统的核心家庭模式似乎越来越脆弱。家庭模式的解体留下了一些难以回答的问题："什么是家庭？""我们应该如何看待家庭？"回答这些问题并非易事，因为家庭承担的经济与社会功能，在整个美国历史上，一直在变化。组成家庭的形式多种多样，始终在变。美国家庭可能是由单亲父母和孩子组成的，也可能是贫困家庭、几代同堂家庭、领养家庭、男或女同性恋家庭或传统的核心家庭。从《反斗小宝贝》(Leave It to Beaver)到《好汉两个半》(Two and a Half Men)，传统的核心家庭也在演化。我们将一起对作为社会机构的美国家庭进行批判性评价，将讨论以下问题：家庭的功能是什么？家庭形式的演化如何反映家庭所承担的功能的改变？我们所谓的"正常"家庭的含义是什么？一位经济学家和一位心理学家兼律师承担了本课程教学。本课程将选取一些文艺作品[《紫色》(The Color Purple)、《俄狄浦斯王》(Oedipus Rex)和《女仆的故事》(The Hand-maid's Tale)]和流行文化[《欢乐谷》(Pleasantville)和相关电视节目〕，同时也会选取一些研究家庭问题学科的文献——历史学、心理学、经济学、人类学和社会学——结合这些资料讨论上述问题。

示例来源：The Evolution of the American Family, St. Lawrence University, Cathy Crosby-Currie and Steve Horwitz, Fall 2006.

### 示例3：课程目的

本课程的理论基础与要求

每年暑假，我都花时间读一些有关教和学的资料。随着自学的深入，我的课程逐渐受到了影响。这个夏天我花费了大量时间思考"全人教育"（holistic education）——这种教育哲学有许多原则，这学期我向你们大家推荐几条原则。

（1）教育应该促进人的全面发展，而不仅仅是关注认知发展。在儿童早期教育阶段，我们尤其应信奉这一理念。但随着年级提高，学校教育的中心转向提高学生的分析能力和有价值知识的应用。然而，我认为教学所依靠的成长和健康，不仅是知识上的，而且是心理和精神情感上的。事实上，所有的健康生活都涉及成长、意识和平衡这三个人类领域。

（2）教育成效与个人的需求、兴趣的强烈程度有关。在学习中，动机也可能是我们开始并维持学习的最可信赖的动力。因此，在个人层面，共同课程很少是合理的，即使出于学生自愿也一样。如果不是自愿的，那么最好的状态是：共同课程要依靠外在动机和适度的成功去激励。服从要求可能是我们从课程学习中发掘出来的最好行为。此外，对人类三个领域有关的需求或兴趣，每一个人都是不同的。因此，无论我要你们为本课程做什么，一定是个性化的并且是建立在选择基础上的。

（3）学习或成长涉及个人责任——这种责任与由个人目标和兴趣支配下的选择性学习和指导性学习相对应。你必须进行思考、计划、行动和评价。如果你明确了学习的目标或机会，你就有义务去追求和达到这些目标。同样，你必须选择你自己的学习。

（4）所有的人，没有一个是孤立的或与世隔绝的，教育是有社会意义的。我们需要获得社会生活能力，从而以令人满意和有贡献的方式在社会中生活。我们这些从事教学的人,尤其应该意识到教育的社会性。此外,我们是社会性动物,对那些内在具有社会性的课程,我们学得比较好(如大家一起学习棒球比单独学习要更容易),但这并不是说所有的学习都应该是社会性的。

（5）好吧,我想植入本课程的不只是全人教育理念和进步主义教育思想,我还想通过承袭双重职责或约束条件来形成本课程。本课程是强调写作的课程,一门强调写作的课程必须遵守的政策要求,可以在得克萨斯基督教大学网上找到。

示例来源：EDSE/EDMS30013：Professional Roles and Responsibilities, Texas Christian University, Mike sacken, 2006。

## 课程描述

在课程实施大纲中较早地呈现一份精彩完备的课程描述,通过提供激励性的课程简介,包括课程内容、课程价值以及课程背后的哲学假设,可以激发学生学习的兴趣。强调课程的关联性,能提升学生的学习热情和动机。教师也可通过课程描述反映自己的价值和态度。课程实施大纲的这个部分主要向学生说明这门课程将如何进行(如通过讲授、小组讨论、项目团队、实地实习、模仿训练)。检查一下,搞清楚你课程实施大纲中的规定要求是否已经在学校或学院的课程描述中公布。如果已公布,你就需要按照公布的正式课程描述规范撰写你的课程描述。

### 示例1：课程描述

什么使我们生活得以继续？生活发生错误时,该怎么办？我们如何提供帮助？实际上,谁应该提供帮助——家庭、社会、医师、临床医生？哪些理论是临床实践必须了解的？临床治疗师和临床医生是怎样把这些理论运用到实践中的？临床心理学正研究这一领域,并试图回答这些问题。临床心理学是一门专业,它建立在相关知识基础之上。本课程既重视实践能力,又关注基础知识,这是本课程聚焦的两个领域。在课程学习中,你必须尽可能多地学习一些有关人类行为功能失调的基础知识。在临床实习中或在课堂上,你也会学习临床心理学家用于达到治疗目的的各种方法和技能。

本课程将主要用三种教科书的"版本"向学生传授临床心理学的知识、方法和技能:

① 教科书为你提供了课程内容(包括理论、历史和一些常规临床医学实践);

② 社区见习岗位;

③ 关于临床实践的最新出版物(期刊论文和专业出版物)。

我把社区见习岗位看成是一种教科书的"版本",因为在这个岗位上,学生的体验、观察和反思,是一种独特的知识来源,这种知识是学生在任何教科书中学不到的。你将和班级的其他同学分享你的经验,分享并深化在实习中学到的知识。

上述三种教科书的"版本"都聚焦人类行为。考察人类行为的目的不仅是理解人类行为的核心,而且是理解人类行为为何会功能失调,如何才能将其改变并使之令人满意地回归正常功能。本课程将以读、说、听、写为基本手段去实现这些雄心勃勃的课程目标。当然,你已经知道如何去听、说,等等。然而,临床心理学家在临床治疗过程中的"说"和"听"是有一些特定的规则、惯例和习惯的。掌握这些惯例并非易事,学习本课程,你将开始学习这些惯例,并以有限的方式实践这些惯例。

示例来源:PSYCH443:Introduction to Clinical Psychology,St. Lawrence University,Pamela Thacher,Fall 2006.

**示例 2:课程描述**

我们生活在一个需要根据研究做出决定的世界。在各类研究发现的基础上,我们选择食物、大学、主修学位和法律,以使我们的生活得以改进和更加安全。正是因为这样,有两个问题非常重要。我们需要区分好的研究与坏的研究,同时我们需要开展能提出有说服力证据的研究。本课程的目的是帮助你们既成为有辨别研究信息能力的消费者,又能成为一个负责任的信息生产者。这些研究信息对课程和日常生活都是非常有价值的。传播学课程要求学生通过阅读、理解和设计传播学研究来了解研究过程。此外,将来你们可能需要去做某些形式的研究,以决定一个新产品是否正在产生效益,是否需要更多员工,或者你如何说服老板给你涨工资。本课程会帮你们做好准备,实现这些目标。

示例来源:CMMA280-01:Communication Research,Saint Louis University,Paaige Turner,Fall 2006.

### 示例3:课程描述

麦克卢尔(Amy McClure)注意到:"很久很久以前,人们认为,儿童读物是简单的,是有关淘气的小兔、困惑的玩具熊和仙女般的公主的故事。"现在,儿童读物和青少年图书不再简单,即使是老故事翻新,如《去问爱丽丝》(Go Ask Alice)。本课程假设,这类儿童读物应该得到仔细的研究,研究中同样需要每门文学课程所需的批判性思维和分析的技能。我们将从三个视角——文学、艺术和伦理价值考察这类著作。学生要从整体上观察这些图书,注意由作者和插图画家联合创作的艺术作品的创新方法,同时从价值的视角加以考察。

本课程以旷世巨作《奥德赛》(The Odyssey)为基础。《奥德赛》原本不是青少年读物,但现在公立高中广泛使用。我们将从友谊、忠诚和牺牲的视角来考察《夏洛的网》(Charlotte's Web)。《儿子离家时》(Sounder)——一部迷你史诗,塑造了一个男孩寻找父亲的发现之旅,作者引用蒙田(Montaigne)的名言作为主题:"怯懦是残忍之母"和"唯一不明智的想法是,改变的东西将会死去"。《我是乳酪》(I am the Cheese)将带我们开始另一段充满背叛和孤独的旅程(乳酪代表着孤独)。以这类儿童文学为基础的课程展示了儿童文学的历史,主要以我们所选的20世纪作品为中心。通过对作家和插图画家的研究,我们将对各种类别的作品在所有层面上进行探索。学生将深度聚焦感兴趣的主题,撰写作品分析或读后感论文,完成书面文学评论并口头展示。学生也有机会参加教师认可的期末顶点研究项目(capstone final project),深入探索某一特定的主题。研究主题可能要求学生通过对几部作品伦理问题的探索,完成一篇传统的研究论文,或者完成一篇纯文字或带插图的原创作品。

示例来源:HUM499:Literature,Art,and Ethics in Books for Children and

Young Adults, United States Air Force Academy, Barbara J. Millis and Pam Chadick, Spring 2004.

## 课程目标

课程实施大纲的重要功能之一是向学生说明他们在课程学习中要承担的责任——他们应该做什么和在什么条件下做。阅读课程实施大纲,学生能够找出哪些地方是课程的知识目标和技能目标;明白到课程结束时,他们能够学到什么知识,掌握什么技能,以及教师希望他们怎样展示学到的知识和技能。课程目标之一是提高他们解决问题的能力,还是改进他们的沟通技能? 允许他们将知识从一种情境迁移到另一种情境吗? 为什么这些目标是重要的? 课程的不同部分是如何帮助学生达到这些目标的? 审视这些目标的一个方法就是问你自己:"本课程结束后,我想要学生看起来在哪些方面有所成长? 如此继续,五年以后会怎样?"课程目标是课程目的的具体化,为学生课程学习的成绩及其评价提供了基本依据。在以学习为中心的课程实施大纲中,课程目标的描述既强调学习过程中学生的发展,又关注这一过程中与课程内容有关的学生学习产品。

有时教师可根据课程和学科的复杂度与性质,将课程目标与课程描述糅合在一起。课程目标描述的是学生在学期末能做什么,通常是一个简洁的陈述或概述。理想的目标是用行为动词进行描述。清晰的目标能培育合作观念,增强师生朝同一目标努力的合作意识。目标既让我们聚焦学习,也可激发学习动机。

用下列四个基本问题问问自己,这有助于你制定和交流课程目标:

(1) 学生学习本课程的成果与主修或副修学位计划或专业认证标准有什么关联?

(2) 你想让学生学到什么? 你的课程目标是什么?

(3) 你决定如何帮助学生达到你设定的学习目标?

(4) 哪些教学活动(课堂教学、课外活动或在线教学)会帮助学生达成学习目标?

换言之,你会如何评价学生的进步与成就? 哪些课堂作业、班级活动、在线学习作业和教学方式能帮助学生掌握特定的知识、技能或改变他们的学习态度?

课程目标可以从课程整体层面上撰写或从课程章节层面上撰写,有两种不同的类型:

① 目标作为学习结果,是学生能够做什么的具体陈述;

② 目标是对各种类型学习中产生的问题或情况的开放和灵活描述。

当然,教师所期待的目标,界定了学生学习的方向,但并不预先确定学生学习的终点或试图去确保一个特定学业成就或学习结果。当目标适合学生个人去完成特定任务时,教师就应该让更多的特定目标出现。就目标的用词这一点看是存在问题的。教育专家告诉我们,目标应该是可测量的,但我们当中很多人制定的目标是模糊不清的、很难量化的,比如提升公民的责任意识或学会欣赏经典名著等。因此,目标用词要使用可测量和可量化的词。

**示例 1:课程目标**

教师目标

我计划达到以下几点目标。

(1)让学生提高欣赏能力,学会欣赏本课程精选的世界文学名著(包括电影或其他艺术形式)。这些名著来自不同时代、不同文化、不同伦理和不同宗教价值体系。本课程将聚焦作品心理描写的案例来进行比较。

(2)帮助学生将这些名著与他们的生活联系起来,帮助他们鉴别博雅学科的学习价值。

(3)提升学生分析文学作品和其他艺术形式的能力,撰写和交流他们个人和合作学习团队的有关这些作品的反思。

(4)帮助学生发展有关反思、分析、综合和评价的过程技能。

(5)促进学生在学习和欣赏各种文学艺术作品过程中探究多种艺术鉴赏模式的能力,尤其是在欣赏长篇小说时。

(6)促进学生参与理性和开明的个人与团队的反思、交流、非正式在线写作和研究性写作,不断发展学生的批判性思维和阅读技能,并使用一定的技术促进学生的学习,培养学生分析各种文本的能力。

(7) 在对来自课外读物及其内容的多元文化问题和主题的讨论中,应鼓励学生保持开放、真诚、尊重和批判性的态度。

课程目的

学完本课程之后,学生应当达到以下几个目的:

(1) 增强自己对来自多元文化的各种文学作品的阅读、思考、交流和批评性写作的能力;提高对各种长篇小说心理描写实例的分析能力;改进以相关的文学、其他艺术形式与媒体参与口头和书面讨论的能力。

(2) 欣赏与鉴别文学和生活之间的关系。

(3) 获得基本的批判性技能,理解人文学科的核心理念和原则,这是学习经典名著的必然结果。

(4) 持续展示有效研究、阅读、写作、口头交流、个人与团队反思的适当技能;不断提升高阶学习的能力;具有深入理解本课程关注的某一流派不同类型小说的能力。

课程目标

为达到上述目的,学生要做到以下几点:

(1) 从多元文化的视角,展现对各种文学作品的理解;了解这些不同文本与本课程的核心主题是如何关联的;明确这些文本与学生个人生活有怎样的关系。

(2) 展示自己对相关文学作品、其他艺术形式和文本的批判性阅读、分析、比较、研究、讨论与写作的熟练度,并将其运用到个人的生活中。

(3) 能知道不同的世界文学作品和其他艺术形式如何反映时代、地域、作者和文化价值的特征。

(4) 能撰写在正式或非正式作业中读到的文本的分析性小论文,比如简短随笔、研究报告、文献目录整理、在线讨论帖子等。

(5) 能展示适当的研究方法、文档写作以及使用信息通信技术为学习活动提供支持方面的技能。

学习成果

将用下列方式评价学生的学习成果。

学习成果包括:经过仔细修改的书面作业、合作项目中电子版和打印版的调查策略以及展示方法、文献目录整理、课堂讨论、积极参与反思性的在线讨论以及在综合性的反思学习文件夹中。因此学生将采取以下几个步骤:

(1) 能对课外参考读物中有区别的各种文学元素进行正确且成功的讨论。

(2) 对课程学习过程中学过的作品,从主题、作者和技术的维度进行比较。

(3) 发展批判性思维、阅读、写作和口头交流的高级能力;提高使用技术促进学习的能力,包括写作各种不同的文本,有效分析文学主题;对文学主题进行传统研究和有技术支持的研究;开展个人研究和团队研究;参与真实课堂和虚拟课堂的讨论并撰写研究报告。

示例来源:English 310N(Honors):The Psychological Novel,Columbia College,John Zubizarreta,Fall 2006.

**示例 2:课程目标**

课程结束后,学生能够:

① 给常见的化学术语下定义(每个单元都有详细的术语清单);

② 解决有关化学原理的数值转换问题;

③ 明确原子的基本组成要素并将这些要素与元素周期表中的元素联系起来;

④ 根据元素在周期表中的位置,描述元素的属性;

⑤ 描述核放射和核反应;

⑥ 写出一个化合物的正确分子式和名称;

⑦ 画出元素和共价化合物的电子点结构图;

⑧ 平衡化学反应或核反应;

⑨ 确定化学反应中能量的变化并画出这种变化图;

⑩ 为单式有机化合物命名并写出该化合物的完整分子式和缩简分子式;

⑪ 完成和平衡有机氧化、加成反应、酰胺化反应、酯化作用、氧化反应和还原反应;

⑫ 认识基本的有机官能团(在单元目标里有完整的清单);

⑬ 描述溶剂的属性与生成;

⑭ 完成和平衡离解、沉淀、电离及中和反应;
⑮ 计算溶液浓度中溶剂和溶质的量;
⑯ 判定溶液的 pH 并区分酸性、碱性或中性;
⑰ 描述缓冲剂在维持一种溶液 pH 中的作用;
⑱ 了解碳水化合物的分类及其同分异构体;
⑲ 画出糖、甘油三酯、氨基酸、缩二氨酸的结构图;
⑳ 区分不同蛋白质的结构。

示例来源:CHEM122:Principles of Chemistry,Johnson County Community College,Kevin Gratton and Csills Duneczky,Fall 2005.

**示例 3:课程目标**

首先,我要你们掌握一组技能——怎样说明和汇报与交易有关的长期债务、股本、账户变动和现金流量表。通常,这些技能是本课程唯一关注的内容。然而,由于商界和会计专业在不断地飞快变化,因此对学生的额外要求也多了。

变化之一是基于电脑的会计系统日益流行。许多原来由会计专业人员承担的工作,现在都被电脑所代替。相应地,为了提高自身的价值,今天的会计专业毕业生就必须掌握高水平技能——分析、综合和批判性信息评估能力,而不仅仅是知道如何准备这些信息。为了帮助大家迎接这种挑战,我努力确保让你们学会这些技能并掌握相应知识,以让你们成为有效决策的制定者和商业顾问,而不仅仅是捣弄数字的人。

(1) 你应该学会以公认会计原则为基础的概念框架的鉴别力。这包括学会对形成会计实践并导致它一致和有时不一致的力量的理解,学会认识共同的模型和存在于会计实践中的例外模型。这也包括对以下问题的理解:会计标准设立中的权衡取舍,现行会计标准的局限性,以及这些权衡取舍与局限性对会计信息质量和内容的影响,这些信息可以通过财务报表反映出来。

(2) 你应该有鉴别能力,能鉴别企业在范围广泛的各种各样的测量基准和会计程序中进行选择的能力和动机,分析这些选择可能对公司财务报表的读者产生的影响。这需要从多种维度对商业进行综合理解。我也希望你们成为老练的财务报表读者,能捕捉财务信息传达的微妙变化,并能透过字里行间形成准确推断,从而做出好的决策。

(3) 你应该努力提高会计专业语言交流能力,包括口头语言和书面语言。

(4) 你应该具备熟练使用电子表格的技能(如 Microsoft Excel),因为这些技能在会计实践中越来越重要了。

示例来源:ACCTG322:Financil Reporting Ⅱ,University of Massachusetts Amherst,Ray Pfeiffer,Spring 2006.

### 示例4:课程目标

ABET 要求的学习结果

土木工程系提供了两个 ABET(美国工程和技术鉴定委员会)认证的本科学位:土木工程(CE)和地质工程(GeoE)。为了保持 ABET 的认证效用,必须证明,土木工程系培养的所有毕业生拥有如下11项基本技能和能力。本课程名为"项目管理与经济学"(课程编号:CE 4101)。在下列学习结果中,用黑体标出的部分,是本课程特别强调的部分。

- **数学、科学和工程学知识的运用能力;**
- 设计和实施实验的能力,包括分析和解释数据的能力;
- **设计一个系统、组件或程序以满足预期需要的能力;**
- 运作多学科团队的能力;
- **识别、表述和解决工程问题的能力;**
- 理解专业和伦理责任;
- 有效交流的能力;
- 理解在全球化背景下和社会情境中工程解决方案的影响力;
- 认识到终身学习的必要性,并拥有参与其中的能力;
- 了解社会热点问题;
- 使用工程实践所需的技术、技能和现代工程机械的能力。

为了成功地完成本课程,你需要不断地学习与发展,并最终在本课程的教学情境中展现这些技能和能力。

示例来源:CE4101W:Project Management and Economics,University of Minnesota,Karl Smith and Randal Barnes,Fall 2002.

### 示例 5：课程目标

以能力为基础的学习结果

1. 对患者个人提供适当的药物干预疗法
- 帮助获得健康服务

2. 通过自主学习使能力得到维持和提升
- 运用常规的自我评价和同伴评价，确定学习的需要和自我引导学习效果
- 确定并运用资源去保持现状和满足学习需要（如专业图书馆、药学组织、杂志和专题通信服务）

3. 在组织的商业计划内管理药房
- 管理病人
- 运用研究和评价方法建立质量、价值和结果标准
- 做一个有效率、高效能和有责任心的团队成员，与其他成员密切合作

4. 发展实践能力和领导力
- 建立职业信誉
- 确定实践场所的优势、劣势、机会和威胁
- 确定和区分需要变革的优先次序以达到理想的实践
- 创设一个符合现实需要的行动计划
- 探索职业生涯发展的路径
- 制订和维持职业生涯规划

5. 参与公共健康和专业行动与政策
- 对政府和公共健康行动与政策的发展做贡献
- 识别服务与教育公众以及与其他卫生专业人员一起提高公众健康水平和预防疾病的潜在机会
- 应对灾害

6. 提高专业能力
- 参与专业组织的活动
- 建立和维持专业协作
- 用专业标准评估自己和同伴的行为并采取适当行动
- 提倡专业改进

具有适用性的一般能力学习结果

课程目标、教学和评价方法与专业要求的学习结果之间的关系罗列如下：

1. 思维能力
- 学生应具有获取、理解、运用、分析、综合以及评价信息的能力；
- 学生应具有整合上述能力以识别、解决、预防问题的发生并作出适当决策的能力。

2. 交流能力
- 学生应具有读、写、说、听和使用媒介进行交流的能力。

3. 职业伦理与职业身份认同
- 学生的行为应符合伦理要求；
- 学生应接受嵌入在药学服务原则中的责任。

4. 社会互动、公民身份和领导力
- 学生应展示适当的人际交往和团体交往的能力。

示例来源：PYPC5210：Pharmacy Practice Development, Management and Evaluation I, Auburn University, Salisa C. Westrick, Bill Felkey, and Jan Kavooljian, Fall 2006.

### 示例6：课程目标

我认识到，你们大多数人不会仅仅将学习重点停留在关注材料的力学性能上。但是，几乎每项学习任务都要求学生掌握一些有关材料如何变形或破损的知识。所以，学完本门课程3～5年后，你应该还能掌握以下技能：

（1）找到如何测定材料的力学性能。使用美国试验材料学会（American Society for Testing Materials，ASTM）的标准，找到有关测试程序的信息。解释测试结果，获得材料的力学性能。测试类型包括张力、压缩、疲劳、断裂、弯曲、硬度、冲击韧性、压力腐蚀、裂纹扩展和纳米压痕。

（2）解释不同材料为何有不同的变形。用胡克定律（Hooke's law），找出因压力而导致的有效弹性模数；解释各向异性弹性、可塑度和位错运动；测定滑移系和晶体结构；比较易延性和脆性损毁。

(3) 计算或预测在施加压力状态下材料的反应。使用张量描述压力或张力状态；计算裂纹尺寸并预测断裂应力；使用广义的胡克定律；使用蠕变定律(creep law)；使用屈服准则(yield criteria)、塑性变形模型和变形机制图。

(4) 选定改进材料力学性能的方法。

解释固溶体强化、沉淀硬化、弥散强化、晶粒尺寸细化、相变增韧和复合材料微结构的形成。

(5) 决定材料是否适用于给定的应用。

使用变形机制图和屈服准则预测材料的机械特性；确定材料机械特性的数据；解释材料机械特性中的权衡取舍。

示例来源：MSR312：Mechanical Behavior of Materials, Boise State University, Megan Frary, Spring 2007.

# 参考读物

教师在课程实施大纲中要为本课程确定教科书和参考读物。学生们很乐意知道，在哪里可找到所有必需的学习材料。他们也很想知道，哪些是教师要求的必备材料，哪些是教师推荐他们应购买的材料，哪些又是与后面学习的主题和作业相关的材料。教师可将所选学习材料作为课程实施大纲的一部分列入其中，或者将学习材料制作成课程材料包单独发给学生。有些大学图书馆，如内华达大学雷诺分校图书馆就允许教师建立电子资源包，假如课程实施大纲的参考文献涉及某些绝版图书，教师可以到图书馆去扫描。如果参考读物对课程很重要，那么教师为何不对指定参考读物作些额外的说明呢？向学生解释为什么要选择这些参考读物并提供阅读指南，这显然是一个好的点子。当然，如果教师打算发放版权资料，需要得到明确的版权许可。

**示例1：参考读物阅读指南**

我想花一点时间阐明我希望你们如何阅读参考读物。首要的规则：不要把参考读物当成福音。因为印刷品并非绝对真理。对你所读的内容保持批判态度，要根据自身的经历和其他知识来理解所读的内容。我为大家精心挑选了许多参考读物，因为这些读物是令人振奋的。如果你觉得自己对某个特定读物很不赞同，这非常好。事实上，我鼓励学生发表不同的看法。当然，如果你不同意，你必须澄清反对的理由和依据。

同时，你须保持一个开放的心态。多了解参考读物所讲的内容。思考你已有的其他经验和曾阅读过的作品，这些东西可以和课程的参考读物相互印证。让自己有时间反思读物所提供的信息、洞见和视角。没有哪本读物是可以通过飞速浏览就能了解清楚的。请多花些时间读一读，让自己进入读物，和作者进行对话。

示例来源：Eastern European History：From Independence to Independence，1918 to the Present，Syracuse University，Walter Ullmann and Jonathan P. G. Bach，1993。

### 示例 2：学习写作所需的参考读物

我们在挑选参考读物上做了很多努力。我们相信，所选读物能帮助大家完成本课程（编号：WRT115）的学习，同时这些读物也为我们提供了智力启发与快乐。在接下来的课程学习中，我们将会了解大家对这些读物的感觉。

每一本课程参考读物至少可以让你们在两方面得到收获：一是内容，为你们提供新知识或者至少是为某个你们已熟悉的主题提供新的视角。二是写作范例，为你们将要进行的写作实践提供各种写作范例。例如，在课程第一部分，我们会让大家写一些有关自己读书和写作的经验，我们提供的这部分参考读物，其内容就是作者介绍他们的读写经验。接下来，在课程的第三模块，会让大家观察自己周围的日常生活，解释你们的所见所闻。然后，将根据书本里一些章节，给你们布置研究项目。此外，所有的参考读物都是不同文体的写作范例，也是我们希望大家品味与学习的好作品，值得你们不时地加以模仿。所以，通读这些参考读物，你们就会明白：哪些作者你们曾经听说过；哪些内容是你们从未知晓的；读物中有许多精彩句子，可激发你们的写作欲望。最后，请你们把注意力集中到课程实施大纲上，继续读课程模块的描述。

示例来源：WRT115：Writing Studio Ⅰ：Course Guide，Syracuse University，Nance Hahn，1994.

### 示例3：参考读物

教科书

甘柏兹和列文森编(1996)：《语言的相关性反思》[Gumperz，J. J. & Levinson，S. C. (Eds). (1996). *Rethinking Linguistic Relativity*. Cambridge：Cambridge University Press.]

沃尔夫(1956)：《语言、思维和现实》[Whorf，B. L. (1956). *Language，Thought and Reality*. John B. Carroll (Ed.). Cambridge：MIT Press]

其他参考读物可在两个不同的地点找到：

网络课程平台(Web CT)：语言学课程(编号：Ling 4100)页面链接到电子文档，可下载和打印。

参考读物抽屉：或者你可以在语言学系办公室(Hellems 290)的参考读物抽屉里找到所有参考读物的主复印件。如果你要复印这些读物，请在语言学课程(编号：Ling 4100)的结账单上填上你的姓名、电话号码和时间。请在一个小时以内归还主复印件，以便其他同学复印。

示例来源：Linguistics 4100：Perspectives on Language，University of Colorado-Boulder，Les Sikos，2006.

# 课程资源

课程资源部分是为了引导学生了解课程资源并鼓励他们利用这些资源。课程资源包括：公开出版物；个人的资料，包括图书管理员和其他教师的资料；学校写作、数学或媒体中心的资料，等等。在课程资源部分，教师应根据课程需要列出所需全部资源并写明可从哪里获取（如大学书店、图书馆藏书室、互联网、课程管理系统或者电脑房）。如果教师列出了一份与课程目标和课程作业有关的文献目录，教师必须准确地设计目录版式以便学生学习和使用这种风格。如果教师打算使用电脑房或资料室，要告诉学生电脑房或资料室的地点在哪儿、什么时候开放以及他们如何使用。学生也可能需要教师在课程管理系统中提供可在线访问的教学资料。如果教师打算使用个人应答器，而学校又没有安装个人应答器的通用模型，教师务必给学生讲清该设备的型号和购买细节。教师也得解释一下，为什么要选用这些书籍与其他资源以及它们对本课程或本学科的重要性。

**示例1：课程资源**

*基础统计学：与临床与健康学科有关*

道森，特拉普(2001)：《基础和临床生物统计学（第三版）》[Dawson, B. & Trapp, R. G. (2001). Bacic and clinical biostatistics (3$^{rd}$ ed.). New York：McGraw-Hill]

埃尔斯顿，约翰逊(1987)：《生物统计学概要》[Elston, R. C. & Johnson, W. D. (1987). Essentials of biostatistics. Philadelphia：F. A. Davis]

格洛弗，米切尔(2002)：《生物统计学导论》[Glover, T. & Mitchell, K. (2002). An introduction to biostatistics. New York：McGraw-Hill]

阿萨德(1991)：《理解生物统计学》[Hassard, T. H. (1991). Understanding biostatistics. St. Louis, MO：Mosby]

赫希，里格尔门(1992)：《急救统计：卫生研究数据的解释》[Hirsch, R. P, & Riegelman, R. K. (1992). Statistics first aid：Interpretation of health research data. Boston：Blackwell Scientific]

*行为科学*

克里斯腾森，斯拓普(1991)：《社会和行为科学统计导论》[Christensen, L. B. & Stoup, C. M. (1991). Introduction to statistics for the social and behavioral sciences. Pacific Grove, CA：Brooks/Cole]

达灵顿，卡尔松(1987)：《行为统计学：逻辑与方法》[Darlington,

R. B. & Carlson, P. M. (1987). *Behavioral statistics: Logic and methods*. New York: Free Press]

格拉斯,霍普金(1984):《教育与心理统计方法(第二版)》[Grass, G. V. & Hopkins, K. D. (1984). *Statistical methods in education and psychology* (2nd ed). Englewood Cliffs, NJ: Prentice Hall]

统计效能分析

墨菲,迈尔斯(2003):《统计功效分析:适合传统和现代假设检验的一个简单通用模型(第二版)》[Murphy, K. R. & Myors, B. (2003). *Statistical power analysis: A simple and general model for traditional and modern hypothesis tests* (2nd ed). Mahwah, NJ: Lawrence Erlbaum Associates]

示例来源:Nursing 110.501 Intermediate Biostatistics, The Johns Hopkins University, Ron Berk, 2006.

## 示例2:课程资源

有关社区或文化情境的资源

"文字工作……具有生成性。它带有保护我们的差异性,乃至整个人类差异性的意义——它让我们每个人都与众不同。"莫里森:《诺贝尔文学奖得主的获奖演说》(T. Morrison, *The Nobel Lecture in Literature*, 1993)

戴尔皮特(1995):《别人的孩子:教室里的文化冲突》[Delpit L. (1995). *Other people's children: Cultural conflict in the classroom*. New York: New Press]教育工作者把教师看成是文化经纪人,认为教室里的文化冲突在很大程度上影响着教育系统。

有关课堂环境的课程资源

无论是显赫还是卑微,无论是内敛还是张扬或无人欣赏,无论是开怀大笑或无声抽泣,无论是开口说话还是被迫缄默,语言总是无拘无束,汹涌向前,它带来知识,永无止境。莫里森:《诺贝尔文学奖得主的获奖演说》。

康罗伊(1972):《水域宽广》[Conroy, P. (1972). Water is wide. Boston: Houghton Mifflin]

菲德罗(1992):《羽毛之光:一个教师在美国原住民教室与文化中的行程》[Fedullo, M. (1992). Light of the feather: A teacher's journey into Native American classrooms and culture. New York: Doubleday]一个非美国原住民教师讲述了他在印第安人课堂的教学经历。

示例来源:EDF 500.02(#7059):Cultural Foundations of Education, Northern Arizona University, Linda Shadow, Fall 2005.

### 示例3:课程资源

网络与软件课程资源

网络课程平台:本课程将通过网络课程平台传送个人和小组的课堂展示、书面作业、教师的资料和其他资源。网络课程平台的地址是http://webct.umn.edu。

Windows关键路径(CritPath for Windows):课程资源可选择《卡尔·史密斯(Karl Smith)》或者网址(http://www.ce.umn.edu/simth)下载。

Windows专家系统(WinExp):基于专家系统的Windows接口(shell)。课程资源可从《卡尔·史密斯课堂运用》下载。同时请学生参阅斯特菲尔德,史密斯和贝尔劳(1991):《如何模仿它:计算机时代的问题解决》[A. M. Starfield, K. A. Smith & A. Bleloch. (1991). How to model it: Problem solving for the computer age. Edina, MN: Interaction Book]

微软项目管理软件(Microsoft Project):这是大家熟悉的项目管理软件。我会运用关键路径(CritPath)证明各种原理,利用微软项目管理软件展示各种实例。微软项目2002请参见:Robert K. Wysocki. (2003). Effective Project Management: Traditional, Adaptive, Extreme. (Fifth Edition). Indianaplis, IN: Wiley Publishing.

示例来源:MOT8221:Project and knowledge Management, University of Minnesota, Karl Smith, Spring 2007.

**示例 4：课程资源**

写作中心：写作中心在图书馆 308 室。写作中心为学生提供免费辅导。辅导教师不帮助校对论文的语法和拼写错误，但会在与论文写作有关的问题上给学生提供帮助，比如论文开头、受众意识、论文谋篇布局和论点论证等。如果你打算去写作中心，请最好带着问题去，知道自己需要什么帮助。写作中心也提供电脑软件帮助你练习语法。学生可以在写作过程的任何阶段带着问题去求助，不需要预约。写作中心开放时间是周一至周四 8∶00—20∶00；周五 8∶00—14∶00；周六 9∶00—15∶00；周日 12∶00—16∶00。特定的语法问题如要得到快速帮助，请拨打语法热线：913-469-4413。

其他支持服务：学业成绩中心（图书馆 227 室）开设了一些有助于大家提高阅读速度、理解能力，改进拼写与词汇能力方面的课程。职业生涯中心可为你的就业和就业目标设定提供帮助。咨询中心将帮助你规划学术生涯。

示例来源：Composition 121，Johnson County Community College，Ellen Mohr，Fall 2006.

# 教学日程

通常，学生会先翻阅课程实施大纲中的教学日程。日程上罗列着教学主题、作业、课程、考试及各种截止日期。他们想知道课堂上将有什么活动和活动的日期。也许，最难计划的是课程资料的组织。教师要问一问自己：

① 在一个典型的学期中，我要教多少学生？

② 我如何构建学习责任，以便让学生能够承担这些责任，尽管他们还要花一些时间满足其他课程要求？

③ 我应该强调的课程重点是什么？

④ 哪些教科书材料我可以省略或压缩？

⑤ 我如何能促进大家的在线学习？

把作业作为学习活动的序列来考虑,这对教师设计作业是有帮助的。教师需考虑希望学生学习的内容或自主完成的任务,以及在课堂教学中你如何帮助学生处理这些信息。理论上,你应该对学生学习的一系列反馈加以总结。你可以在课堂上提供反馈,或者对课外作业和课内写作活动进行评论。

学生的作业量,按照一般要求,你可以控制在每次上课后学生有两小时的作业。学生平均课程作业量每周在10小时。有些班级可能要求学生投入时间超过10小时。有时候作业负担每周可能有很大的变动。大部分教师,特别是那些教高阶课程或毕业班课程的教师,还对学生有写作要求,以便提高他们的交流能力和研究能力。

在制定教学日程时,教师要牢记,学生经常要在学业、工作和家庭责任之间保持平衡。这样的考虑并不会降低你对课程的期望。但是,你的作业安排日程应该给学生留一些时间,让他们达到你的期望。你要考虑把繁重的阅读要求或作业截止日期放在每周开头,让学生利用周末完成作业。为了帮助学生管理时间,课程实施大纲也要写清楚完成重要作业的每一步方法。对于计算期末成绩等级占重要比例的研究论文,你可以分别列出编制参考文献目录、形成研究报告大纲和完成研究报告初稿的截止日期。你应使教学日程中的考试时间和作业截止日期显眼一些,要把这些时间用粗体字标注出来。在其他老师也布置了很重的作业任务时,如果有可能,教师要尽量避免在这个高峰期给学生安排重要研究项目和考试。

如果教师的课程偶然涉及一个令人振奋的讨论主题,这个主题似乎比你原来安排的小测验更有价值,或者你不想再花费更多的时间在某个主题上,教师就应该对作业做出调整。需要强调的是,教学进度要根据课程的需要做出调整,教师要提醒学生,以便他们根据课程变化寻找课程资料。学生也应知道,教师如何将调整的课程时间表和教学计划通知到学生。一个比较好的办法就是在学术日程表中凸显一些关键日期(如期中考试、退出课程的截止日期、节假日等),以引起学生的关注,因为这些日期可能会影响学生的计划决定。

### 示例1:教学日程

教学日程和作业安排如表2-1所示。

表 2-1 教学日程和作业安排

| 日期 | 主题与活动 | 阅读任务(截止时间) | 作业(截止日期) |
|---|---|---|---|
| 主题一：国家和文化认同 | | | |
| 8月23日 | 课程信息导论："我来自哪里"——富有诗意的文化定义 | | 个人经历 旅行包 个人信息形式 课程实施大纲(阅读与理解) |
| 9月1日 | 文化定向 讨论跨文化访谈作业 | 奥尔森：《美国的价值观与设想》(American Values and Assumptions by Gray Althen) | 在调查与阅读的基础上写一篇回应论文 |
| 主题二：美国的实践、规范和价值观 | | | |
| 9月13日 | 导入：刻板印象 我们自己的多元文化身份 介绍简·艾略特(Jane Elliot)的著作 | 迈特林：《对刻板印象的社会感知方式》(The social Cognition Approach to Stereotypes by Margaret Matlin) | 提交文化回应论文的修改稿 提交向演讲嘉宾的访谈问题 |
| 9月15日 | 周日早晨：是美国种族隔离最严重的时段吗？演讲嘉宾：芭芭拉·布鲁顿(Barbara Brewton)和约翰·卡莫(John Comer)，基督教长老会 | 《超越平等》(More Than Equals)，第一、二章 | 访谈问题提交截止； 写一篇有关简·艾略特著作中刻板印象的论文初稿 |
| 主题三：其他人的美国观 | | | |
| 9月27日 | 讨论"回到彼此的家"和多元种族身份认同 | 阅读国际出版社出版的有关美国的著作(具体书目待列出) | 跨文化访谈报告截止日期 |
| 10月4日 | 讨论国际出版社的文章 | 阅读国际出版社出版的有关美国的著作(具体书目待列出) | 综合研究项目计划截止日期 |

表 2-1 是一个暂定的教学日程。如果有任何改变，教师应尽可能提早通知。参考读物是讲义、在线资源或杜肯大学主图书馆馆藏的电子文献。

示例来源：CLPRG430W Seminar on Intercultural Interpretations, Duquesne University, Cynthia Lennox and Laurel Willingham-McLain, Fall 2005.

**示例 2：教学日程**

第一周：进化生物学的历史

目标：
辨认综合达尔文主义的主要学说；
了解进化思想的主要突破；
提供一些支持达尔文思想的案例。
阅读：《物种起源》第一、二章，第 14—21 页。
讲授 1：达尔文之前的进化论；达尔文的贡献。
讲授 2：综合达尔文主义。

第二周：变异及其来源

目标：
掌握表型、遗传型、基因座、基因、等位基因、突变、基因复制等概念的定义；
区分不同表型的变异源；
确定群体中基因突变的原理。
阅读：《特种起源》第三章。
讲授 3：变异原理。
讲授 4：多层面的变异。

示例来源：Biology 105：Evolution，University of North Carolina at Chapel Hill，Tatiana Vasquez，2006.

# 课程要求

在课程目标与作业安排中涉及了课程要求。教师可以在课程实施大纲中单独列出课程要求，详细地描述每一门课程要求的细节，教师也可把课程要求与评分政策结合起来。很多教师习惯在学期中间给学生准备一些篇幅很长的讲义，讲义对每个作业的要求都作了详细的规定,并对学生如何达到作业要求作了指导。教师可以考虑给课程实施大纲加一个附件,对课程的附加材料作一些说明,比如,指定的案例研究、书评、论文或课程研究项目,或给学生分发一些有用的讲义,诸如《科学论文写作》《心理学论文速递指南》《解剖学书评》等。本部分挑选的课程要求示例都强调过程技能,比如课堂参与或小组合作。每个示例提供了一种有关教师如何管理学习者中心课堂的洞见,展示了课堂教学如何聚焦学生人际技能的发展,从而使学生掌握课程内容。

### 示例1:课堂参与

对哲学观念进行讨论,是吸取那些观念的实用知识、发展自己的观念并对课程所学知识做出回应的极好方式。教师经常会发现,学生会从不同的角度对教师的观点提出很好的问题,或者对教师的观点提出进一步的洞见。师生彼此之间的确可以互相学到很多东西,通过聆听彼此的观点,可让自己的知识得到不断丰富。

课堂参与既包括大胆提出自己的观点或问题,也包括认真聆听其他同学的观点或问题。那些很少发言但认真聆听其他同学的发言并做笔记的学生,其实也是在全身心参与课堂活动,他们并不逊色于那些认真思考并经常发言的同学。在引导课堂讨论过程中,我很少会采用严格控制,不会要求每个学生都发言。因为我尊重这一事实,不同的学生对如何参与课堂讨论有不同的偏好。当我发现某些很少发言的学生想要发言时,我会适当加以控制,给出这些学生优先发言的机会。而且,我非常乐意鼓励害羞内向的学生发言,让他们开口说话。同时,我也会竭尽全力地把课堂变成一个可以尽情分享观点的安全场所,哪怕是毫无把握和无法确信的观点。本着同样的精神,我也鼓励那些积极发言的学生,要具有良好的社会交往意识,使课堂氛围舒适友好。这种友好的课堂氛围,可以激发发言不活跃学生的主动性,从而吸引他们开口说话。如果平时寡言少语的学生,看到那些自信的发言者在聆听自己的观点并引起了他们的兴趣,那么他们也会受到鼓励。

在课堂讨论中,要注意联系(联系参考读物,联系前面讨论过的主题,联系其他学生在课堂中所做的评论),这对于师生都相当有帮助,教师应特别注意和重视。

示例来源:PHIL204:Theories of Knowledge and Reality,St. Lawrence University,Laura Rediehs,Fall 2006.

### 示例2：课堂参与

如果班级的每位成员都希望为课堂对话或讨论做出贡献，则可通过以下方式参与：

① 提出问题；
② 回应主持人、老师、演讲嘉宾或班级其他成员提出的问题；
③ 对课堂讨论进行评论或发表观点。

在讨论课之前，学生应阅读指定的论文，了解有关讨论问题或主题的背景信息，这很重要。学生准备的摘要应该是参考读物主要观点的综合，而不是陈述个人观点。课堂讨论会给大家一个对每周有关主题的观点和意见进行陈述的机会。每个学生的意见和关切点都很重要，教师应鼓励全班同学分享意见和关切。我们的目的不是要进行辩论或对某个问题达成一致意见，而是要通过对话分享每个人的观点。同时，教师应鼓励大家认真聆听别人的发言。

教师应要求大家时刻为班级的其他同学着想。例如：不要打断别人，同一时间只能有一人发言；发言前须取得主持人的同意；主持人负责控制和引导对话的进行；在上课期间不能和班级其他同学私下交谈；所有发言都应该面向整个班级。

每名学生应该尝试每周至少参与一次对话。对寡言少语的学生而言，这会有一些困难，因为他们倾向于听而不是说。对喜欢发言的学生而言，需要克制自己发言的欲望。学生对于自己感兴趣的讨论主题，应注意发言时间不宜过长。在每次讨论课上，学生的发言时间应受到限制。学生的课堂参与得分视其发言情况而定。

示例来源：RLEM481：Current Issues in Range Management：Past，Present & Future，Texas A & M University，M. M. Kothmann，spring 2006.

### 示例3：小组合作

*新闻通讯稿项目*

为完成本项目，学生应该撰写并修改一篇新闻通讯稿，编辑和校对班级其他同学的通讯稿，并从终稿过程观察这篇通讯稿。学生将成

为完成一篇特定新闻通讯稿工作团队的一部分,成绩将按下列标准加以评定:

**最终成绩的 25%——编辑质量**

本部分评定的内容包括综合编辑和审稿。综合编辑包括文章组织结构、格式以及受众观;审稿包括连贯性(有效文体样式表格的使用)、语言精准度、文体、完整性、视觉效果和正确性等。本部分是个人得分。

**最终成绩的 20%——新闻通讯的整体质量**

本部分评定的内容包括整个文稿是否达到阅读和发表目的;写作的有效性(语言流畅、结构合理、文笔有趣),视觉和文体的协调性,文笔简洁流畅,文句和词汇简洁明了等。本部分评分将以小组为单位,同一小组成员的得分相同。

(1) 写作

每个小组成员必须写 1000 字左右的新闻通讯初稿。你可以写篇幅更长的稿子或者写几篇短文章。四五人的小组,总共要写 4000～6000 字的稿子。最后的新闻通讯稿一般应有 4～10 页。稿件至少应包括一些"散文"(换言之,是一些不是很完整的素材的罗列)。散文类型可以有:新闻故事、人物素描、编者按、指导性短文等。本学期,学生应该对自己的作品做多次修改。

(2) 编辑

编辑工作分两个阶段进行。第一阶段,学生要对收到的新闻通讯稿进行综合编辑。做这项工作时,要把稿件修改具体要求以书信形式告诉作者。此外,学生还需对稿件本身做一个综合评价。第二阶段,对稿件进行文字编辑工作,创建一张文体样式表。

(3) 终稿

作为一个由一篇新闻通讯的作者和编辑组成的小组,其任务包括:校稿、排版、删改,设计新闻提要,设计新闻通讯样式表和出版简报终稿等。这个作业不会根据新闻通讯的格式质量打分(如果学生希望将来的课程档案袋中包含这篇新闻通讯,那么认真做好这项工作是非常明智的)。

小组合作注意事项:本项目的大部分小组合作学习是在课堂内完成的,教师设计了"新闻通讯工作坊"。但是,小组成员还需要利用教学日程之外的时间,集中合作学习一两次。

学期末,需要将自己的新闻通讯稿分发给班里其他同学。

**敬告**:请随时在 U 盘或硬盘上备份新闻通讯稿。我听到过太多的电脑硬盘崩溃的故事!

(4) 小组成员角色

在项目实施之初,除了基本的写作和编辑工作外,还应根据项目的具体任务做好分工。下面是每个小组的四种角色,如果小组有三个或五个成员,则可以调整这些角色。

① 责任编辑。这个角色负责确保小组成员按时交稿件和遵守项目日程表,根据需要分配特定的任务。责任编辑要撰写日志,记录稿件的提交和发还情况。应挑选一个有组织能力并细心的人担任这个角色。

② 美工。这个角色负责新闻通讯的最后排版。这并不是说,这个人只做排版样式工作,把这项工作做好而已。这个人应该像一位出版家一样具有台式电脑出版程序知识,会操作排版软件或 Quark 图像软件,并愿意在本学期学习一些新的程序知识。

③ 撰稿人。这个角色要能根据需要补写稿件。如果新闻通讯稿太短或有的稿件丢失,撰稿人能进行补写,确保小组的文稿达到规定的要求。撰稿人也要根据需要提出文稿删改的建议,拟出有效的新闻通讯内容提要。撰稿人应该是一位思维敏捷的研究者和写作高手。

④ 初稿/终稿编辑。负责终稿的及时校对和复印,并使终稿大方时尚美观。初稿/终稿编辑应该有卓越的文稿编辑和审校能力。他或她应该是自己开车的,能准时到达指定地点。

(5) 发表选择

学生可以把新闻通讯终稿在网上公开发表。

示例来源:WRIT371:Editing,Metropolitan State University,Anne Aronson,Spring 2005。

**示例 4:小组合作**

为了使小组有效工作,全体班级成员应该达成以下五点共识。

(1) 个人的力量不会大于我们全体的力量

我们需要相互合作才能顺利完成任务。我们的目标是让每个人都参与到讨论和其他任务中。每个人都各有所长,都可为任务完成提供一些资源,我们可以共享我们的财富。

(2) 小组成功的途径不止一条

成为优秀小组的途径不止一条,每个小组完成任务的方法也不尽相同。小组可以用多种方法达到工作标准,出色地完成任务。小组的风格并不能决定小组的本质,一个分工有序的小组也不一定是高效率的小组。

(3) 过程

小组合作开始以后,成员之间要相互检查各自进度。彼此要经常问问:"你的进展顺利吗?我们应做哪些改变才能使小组更优秀?"我们应该努力检验和再检验我们理念的可靠性,检验小组成员在多大程度上认同这些理念。在进行下一步之前,需要问一下,"我们是否在朝着正确的方向前进,是不是每个成员都赞同?"虽然达成一致是小组的目标之一,但是我们知道,一致常常是不现实的。

(4) 我们打算体验激励性的小组合作经历

我们非常感谢小组成员的贡献。我们希望有良好的小组合作体验,并经常赞赏做出贡献的成员。同时,当我们展示良好的小组合作努力时,也要肯定我们自己。我们相互之间要致"颁奖辞"。在分享观点和回应他人的观点时,我们要努力做到判断准确、机智老练。对此,我们要给予良好的反馈。

(5) 个人或小组问题首先在小组内部讨论,听取每位成员的意见,在此之前,不应报告给教师

需要注意的是,并不存在所谓的某个人的问题,所有问题都是小组的问题。我们要尽早并经常性地处理个人问题。在请求局外人干预之前,首先试着在组内解决。

除了以上 5 点,还需注意:

如果发生异常情况,小组出现了难以解决的问题,教师应保留以下权力:① 重新考虑小组新闻通讯稿的评分;② 拆分该小组并更换项目。当然这是万不得已才会采用的措施[上述材料由苏珊·威尔福特(Suzanne Walfoort)摘编]。

示例来源:WRIT371:Editing,Metropolitan State University,Anne Aronson,Spring 2005.

**示例5：基于问题学习的小组合作**

指导方针：为什么这么做？

伦理问题不可能在真空中发生；随着健康护理团队成员的多样化，许多伦理问题发生在家庭和社会的临床实践情境中。伦理问题是护理专业人员每天都要处理的各种杂乱的现实生活问题。基于问题的学习是从他人的视角去了解和理解，并动手做。主动学习需要学生学习投入，并承担学习的责任。

基于问题的学习有几个关键特征：
① 以问题为中心；
② 团队由学生领导；
③ 强调合作和分析；
④ 教师的指导处于非主导地位；
⑤ 强调终身学习技能、问题解决技能和面谈管理技能。

我们准备做什么？

伦理委员会咨询服务。你们小组的大部分工作是像一个伦理委员会那样，为提交案件的人提供咨询服务。我们将使用小组讨论模式，这种模式一直用在以问题为中心的医学院课程中。这些想法大部分来自乔斯·威里博士（Dr. Jos Welie）的课程资料和他在《医学、护理及哲学》(1999年第卷，第195—203页)上发表的文章。

在整个学期，学生将在学习小组里工作，所有小组都在一起工作。每个成员都要承担责任，当你或同伴担任伦理委员会"主席"时，要保障小组讨论能够顺利进行。你们也会有机会写案件申诉信。案件申诉是指从另一个人的角度描述同一案件。典型案件将从一个理疗师的视角出发。案件的申诉可以从其他视角来写，比如以病人和（或）病人家属、护士、医生、社会工作者、病人的律师、机构危机管理办公室等。

示例来源：P T D 435：Ethics in Physical Therapy practice, Creighton University, Gail Jensen, Spring 2006.

## 规定和期望：出勤、作业迟交、缺课补习、课堂行为和课程礼仪

理所当然，课程规定与课程的许多要素有关，比如教学哲学、教师期望和学习评价。教师既可以把期望或规定作为课程实施大纲的独立部分单独列出，也可以简单地把它们放在其他标题下面，这完全由教师自己决定。关键的问题是教师如何处理这些问题——以逻辑和直截了当的方法——这可能对课程或学生的行为产生负面影响。无论教师讨厌的行为是什么（如学生在课堂上打手机、发短信、上网等），都要尽量避免使用训斥的语气。

建议教师做好出勤记录。可以将出勤或课堂参与作为期末总评的一部分，也可以不考虑。最理想的状态是，每节课对学生来说都非常重要，以至他们都渴望着来上课。当然，有些学生缺课是难免的——参加运动、学术活动、宗教活动，家里有事或者本人生病——所以最好以书面的形式澄清你的课程规定。

教师对于学生出勤、课堂参与和缺课补习的规定应具有灵活性，但也不能过于随意。如果教师把课堂参与计入期末总评，那么一定要界定各种缺勤现象，并向学生讲清缺勤带来的可能后果。如果在线课程也有课堂参与要求，那么是否要求学生用语法正确的英语进行交流？教师是重视学生发言的次数，还是重视学生发言的质量？如果是后者，那么如何判定学生某次课堂参与的特别贡献呢？在学期中，教师会让学生知道他们学得如何吗？主动的课堂参与也实质性影响期末成绩吗？或者教师只是把它当作决定期末成绩的次要因素呢？缺少课堂参与的学生，尤其是害羞或缺少安全感或是成长于鼓励少说话是尊重别人的文化环境的人，会对期末评价有不利影响吗？如何保护在咨询实习或临床实习中披露的私密信息？

教师在学习下面的示例时，请记住上面提到的问题。

### 示例1：出勤规定

每天上课前我会发一张考勤表给大家。大家每天都要在考勤表

上签到。每位同学缺课一次可以不受罚。从第二次缺课开始,每缺一次课期末总评成绩减少1‰。所以,尽量不要使用唯一一次缺勤机会,以备紧急情况下使用。如果你第一次缺勤,我会认为你有合理的理由。所以,我不需要你出具医生的病假证明或者其他让我了解你为什么缺勤的文件。如果出现非常紧急的状况,请向我说明。过多缺勤(三次或更多)本课程就会不及格。

即使某一天你缺课,你还得完成当天布置的作业,也要补上当天的课堂笔记。请尝试与同班同学联系,了解那天上课的情况,不要先与我联系。论文每迟交一天,成绩就会自动下调一档。平时作业如果迟交,只能得到一半的学分,尽管如此,你还必须把作业完成。

示例来源:English207:Introduction to Film Studies,Frostburg University,Kevin Kehrwald,Fall 2006.

### 示例2:出勤和缺课补习规定

我希望你们每次上课都按时出勤。对增加你们的教育经验而言,课堂学习总比你们独自阅读和写作得到的要多。进入大学就是加入一个学习者的共同体。一个不参加训练的运动员,就会有失去在团队中位置的风险。一个音乐家或演员不参加排练通常就不能登台表演。因此,一个养成了旷课习惯的学生,是否还是班级的一员,能否得到课程学分,也是值得怀疑的。

下面我阐明一下本课程的出勤规定:每次缺课,你必须通过查看其他同学当天的课堂笔记(或在教学网上),补上缺课内容,同时你还须对课堂上讨论或展示的主题写两三页的回应论文。论文必须在下次课前上交,你要确保自己已掌握了缺课的内容并做好了上新课的准备。缺课的理由并不重要,因为你们可以编造任何理由来说明旷课的缘由,这是一个基本的事实,而重要的是你们可能错过了课堂上讲授的重要内容。为此,缺课的同学有责任证明自己的确已将缺课内容补上。缺课超过两次的同学,必须向我当面解释缺课的原因(最好是在我办公时间)。

示例来源:PHIL204:Theories of Knowledge and Reality,St. Lawrence University,Laura Rediehs,Fall 2006.

**示例3：对专业行为的期望**

学生对待课堂责任，要像对待严肃的专业活动一样。本课程学生的责任包括：

① 根据教学日程和教师的要求，对每节课都要做好充分准备；
② 严格遵守教师规定的截止日期和时间表；
③ 按照教学日程安排，在所有课程活动和课堂讨论中充分且积极地投入；
④ 对所有参与课堂研讨的人，都要展示适当的礼貌（礼貌行为尤其是交往方式上要尊重他人，在圣路易斯大学社区中，人们对宗教、文化、性别或其他个体差异是很敏感的）；
⑤ 对教师的上课情况要给予建设性的反馈。

示例来源：BIOL236-6L：Contemporary Issues in Biology，Saint Louis University，Robert Grant，2006.

**示例4：对合理且智慧地参与讨论的期望**

本课程的基本假设是，学习结果来源于持续不断的理性讨论过程。在课程学习中，学习机会与学习责任同时存在。同样，在本课程中你们也有学习的机会。你们的责任就是使自己对来自课程的学习最大化（也就是说，提升对知识的理解能力），同时，促使班级同学的学习最大化并给予支持，还要把学到的知识和能力付诸实践。为充分利用这个学习机会并承担起相应的责任，你们要做到以下几点：

（1）掌握基本概念、原理、方法和启发式学习。修完本课程之后，我希望你们能掌握比以前更多的知识。
（2）对课程内容与主题作批判性思考，从而获得理解和洞见。
（3）向其他同学准确阐释自己的学识、洞见和结论。只有达到可以向别人讲授并能准确描述所学到的知识和你对知识的理解时，你的学习过程才算完成。
（4）要请别人与你分享他们的知识、结论和洞见。当他们这样做的时候，你要认真聆听，详细阐释你是如何把从别人那里学到的东西与自己已有的知识联系起来的，并感谢他们对你的启发。

（5）你要采取站在与同学对立的立场参与理性辩论，形成清晰思路并为你的立场辩护，挑战他们的推理和结论，直到你或他们在逻辑上被说服为止。

示例来源：CE4101W：Project Management and Economics，University of Minnesota，Karl Smith and Randal Barnes，Fall 2002.

**示例5：对民事行为的期望**

严禁学生有任何骚扰其他同学的行为——包括种族歧视、性别歧视、同性恋歧视或者威胁性的言论与行为——这些行为会导致不和谐环境的出现，是不能容忍的，是对大学防骚扰指导方针的破坏，也是对人类高雅行为的蔑视。我们尽力创造一种尊重所有人的课堂环境，强调意见多元化是一个标准，也是一个要求。如果你受到不文明对待或不被尊重，请千万不要犹豫，直接向教师反映此事。我们将寻求途径处理并解决此事。你也可以与负责学生行为准则的行政人员（students conduct code officer）联系，电话为651-793-1540。

不受欢迎和不可接受的学生行为包括：
① 上课睡觉或走神。
② 习惯性迟到。请在上课前到达教室。
③ 阅读或专注于与本课程无关的材料。
④ 未到下课就提前收拾书本和书包。
⑤ 在老师讲授或其他同学发言时，与同学聊天。
⑥ 检查手机或其他电子设备。上课期间请关机。

示例来源：COMM103：Public Speaking，Metropolitan State University，Lori Schroeder，Fall 2006.

**示例6：期望与责任**

（1）课堂基本规则

本课程要求学生参与课堂讨论和课程活动。我们每个人不同的经历影响了自己对世界的不同看法。你可能对其他人表达的观点和意见或课堂中要讨论的某些主题感到不舒服或无法同意。你也可以和其他人分享你的看法或经验。教室应该是一个分享信息、检验观点和争论问题的地方，应该是一个充满活力、相互交往和令人惬意的地方。

在本课程教学中，我们（学生、带助教的教师和讲师）应努力创设一个开放的、相互尊重和相互信赖的环境。为此，我们至少应遵守以下规则：

- 进入教室之前，请关闭手机和传呼机。如果你在课堂上接听手机或回传呼机，那么你将被请出教室，并按缺勤处理。
- 课堂上可以喝饮料，但是不允许吃东西——也不允许在教室里吃午饭。
- 在进入教室前，请提前去卫生间。
- 课堂上，每个同学都有参与讨论的权利和义务。如果向你提问，你应该努力回答。
- 所有问题、看法和意见都是很重要和有价值的，我们鼓励大家进行分享和讨论。
- 要尊重他人，尊重他人的观点和信仰。
- 不要随意假设，轻易推广，避免刻板印象。
- 要认识到意见不是真理。
- 别人在发表意见时，要总是带着开放的心态认真聆听。
- 当你不能理解某人提出的观点时，可以请他澄清一下。
- 如果你被我们或某位的言论冒犯或伤害，请告诉我们（可以选择匿名给我们写信或告诉助教）。我们会努力有效地处理这个问题和所有涉事者。
- 能利用网络课程平台参与课堂学习（查找文件和文件夹，查看成绩，参加小测验等）。你们要学会使用网络课程平台——如果你不知道如何使用，阅读相关教程或者去格彻尔楼（Getchell）的服务台（the Help Desk at Getchell）寻求帮助。网络课程平台上有第一周课程的概览，你们要熟练操作网络课程。
- 不得以看牙医、看医生或私人约会等理由缺课，这些都不是缺勤的合理借口。
- 在上课的前几周，教师会把你们分为不同的学习小组。分组将持续到学期结束。
- 所有作业请交到你所在学习小组的文件夹里。返还的作业也会放在同一处。学习小组的值周组长要在上课前收齐各自学习小组的作业文件夹。

（2）学生的责任

- 阅读、签署、上交《学术合作备忘录》。
- 根据教师的要求按时上交完成的作业——不能拖延。
- 准时上课，阅读指定的课程读物，完成指定作业，提前做好上课准备。
- 主动参与各种讨论、演讲和活动。
- 提出和考虑各种建设性的评估和反馈。
- 与同伴和教师合作，支持并尊重他们。
- 遇到问题或困难要及时与教师或助教沟通，最好不要等到问题变得不可收拾时才找教师。
- 全力以赴完成所有作业——不要只挑部分作业。我会努力保持公平，但是课程得分需要靠你们自己的努力。
- 坚持本大学的学术标准，包括学术不端行为的治理，包含作弊、剽窃（将他人的语言、观点或他人的作品当成自己的上交给教师，或允许他人用这种方式使用你的作品）或学术欺诈。所有考试将不允许携带辅助性的书本、笔记、学习板（study sheets），也不允许请他人帮助或使用任何电子设备（如电话、掌上电脑、黑莓手机、电脑等）或采用任何其他作弊手段。任何学术不端行为都会根据学校和公共健康政策学院的规章，给予严厉处置，并要承担严重的考核后果。如果你不清楚哪些行为会构成剽窃，请和我讨论或者参阅《美国心理协会写作指导手册》(APA Style Manual)。
- 举止文明，遵守伦理规范。

（3）教师的责任

- 给学生提供建立在可靠研究基础上最新的、切题的、前沿的课程内容，而非来自道听途说。
- 按时上课，为所有课做好准备。
- 安排时间，为学生提供咨询、建议和答疑。
- 给学生要求清楚的作业和期望。
- 对提出与回应反馈意见做好准备。
- 看重荣誉，尊重学生。
- 举止文明，遵守伦理规范。
- 审慎认真地提出建设性的评价和反馈意见。
- 及时返还学生的作业（通常在一周以内，要写评语的作业除外。

**学术合作备忘录：HE201**

我，_____ 已经阅读了 HE201 的课程实施大纲，并理解了它的内容。

老师为我们提供了机会，让我们询问有关作业、考试或对本课程期望方面的任何问题。

我满意老师对我的问题给予的回答。

我同意遵守课程实施大纲中阐述的标准和期望，包括伦理标准。

我同意遵守内华达大学雷诺分校关于学术不端的界定和处理程序。

签名：_____

日期：_____

《学术合作备忘录》请务必在 2007 年 9 月 10 日前签名并返还教师。

示例来源：HE201：Foundations of Personal Health and Wellness，University of Nevada-Reno，Nora Constantino and Melanie Minarik，Fall 2007.

**示例 7：对课堂行为的期望**

在本课程中，我们讨论的很多主题都与刑事司法系统专业人员的伦理行为有关。有些问题可能会有争议，甚至会形成观点和个人信念的对立。我们可以对这些差异进行讨论和争论，这很重要。不同观点的交流要在相互尊重并尊重所有学生人格尊严的氛围中进行。某些聪明人可以不同意这些争议。在课堂讨论中，老师希望，同一时间只能有一位同学发言，所有同学都会有机会参与讨论。你们将免受侮辱、恐吓或其他阻止或贬低你们参与讨论的言论。教师将反对和消除那些贬低或冒犯他人的言语或行为。如果冒犯者不改正，将被取消参与讨论的资格。

示例来源：CJS375：Criminal Justice Ethics，Metropolitan State University，Mark Matthews and John Delmonico，Spring 2007.

**示例8：课堂参与和课程礼仪**

教师要求大家主动参与。因为这是一门研讨课，我们每个人都有责任为课堂学习做贡献。课堂参与方式既包括分享你的观点（通过讲述），也包括尊重并回应同学的观点（主动聆听和回应）。我会始终关注每位同学的课堂参与情况。

我喜欢本学院政治学系比尔·罗斯（Bill Rose）教授有关"有礼貌地参与讨论的重要性"的阐述，他写道：

> 在讨论、辩论和质询中相互尊重是学术事业的核心。倡导文明行为并不意味着从充满激情的辩论中退缩。相反，可以确认，有意义和建设性的对话要求某种程度的互相尊重、聆听的愿意和对对立观点的包容。和任何学术讨论一样，课堂讨论和在线讨论应该遵循尊重和有效沟通的规则。争论应该针对观点本身，永远不能攻击持不同观点的人。此外，文明氛围有助于争辩者注意对方提供证据的强度并关注各种可供选择的解释，这有助于对各种不同观点的客观评价。建立了互相尊重的对话规则和理性争辩规范的课堂，能增强学生论辩的建设性和说服力，能让学生通过严格的思想交流而得到成长，也能让学生为在一个复杂多元的社会中生活做好准备。

在学期初，我们将讨论课堂参与和讨论指南。

除了课堂参与外，整个学期还会有很多课内写作作业，这些作业不会计分，但会被算作课堂参与。

示例来源：First-year Seminar105：England and the End of Empire：Recent English Fiction and Culture，1980-present，Connecticut College，Michael Reder Fall 2006. William Rose developed the paragraph on civil discussion for the government courses that he teaches at Connecticut College. Copyright 2006，Michael Reder.

**示例9：对课程成功的期望和准备**

心理学是个复杂的领域，它与所有学科都有关联，而且可应用于所有学科。通过对本课程（编号：EDPSY 312）的设计，我的目标是使本课程有趣味且富教育性，能让学生主动参与学习。随着不断将本课程的概念运用到自己已有的知识中，作为学习者，也作为成长中的"教师"，会感觉课程内容越来越有意义。设计本课程的学习活动和作业，是要为教师提供支持，帮助教师获得运用、分析和评价教与学过程的基础知识。这些方法，是一个负责任的教师所必须掌握的。在本课程学习中，你们将会了解到主动学习是一种有效的学习方式。我们面临的挑战是如何放弃对接受知识式学习的理解。本学期你们获得的学习经验可以推广到以后任教的班级中。

学期开始时，我们将会识别并获得小组有效合作学习所需具备的技能。现在的期望是：案例研究和各种课内学习活动按小组开展，小组至少有四五人。见习活动将结对进行，在公立学校观摩。从现在开始，你们须将这项活动列入个人时间表。与一位"未来的教师"开始结对，他的职业目标对你的职业目标可能有所补充。选择小组同伴时，要考虑班级的教学日程、家庭住址的远近和性格的相容性等。

在本课程学习中，获取成功的学习经验非常重要。课堂参与和出勤率是课程成功的基础。以专业的态度对待学习和对待你将要获取的知识，这是同等重要的。因此，如果有人生病或者有其他干扰学习的个人问题时，一定要告诉我。就像一个教师生病了要请假调课一样，请在缺课之前与我联系。分清与同学合作完成的作业和个人作业，不要毫无准备地来上课。请参照课程实施大纲的安排，按时完成教科书阅读任务并按时做好作业。知识是靠不断积累的。各门课程的截止日期有一个特定的顺序。你们要时刻关注教学日程上的截止日期。这很重要，因为迟交的作业将不被计入总分。如果对这些政策有例外的请求，最好请提前和我讨论。我希望你们能够遵守学校的学生行为准则。

示例来源：EDPSY312：Psychology of Teaching and Learning，University of Missouri-St. Louis，Margaret W. Cohen，Spring 2000。

**示例 10：对在班上使用无线网络的期望**

你们可以携带笔记本电脑或其他技术工具到课堂，用作记课堂笔记或整理课堂信息的辅助工具，但是使用中须讲究礼节，请遵守下列要求：

- 请把手机或其他可能产生噪声的设备调至静音或振动挡。我将像一位友好的空乘一样，每次上课之前会提醒你们。
- 如果有重要电话要接听，请到教室外面接听，不要在课堂里交谈。
- 上课期间，不得用笔记本电脑浏览网页或聊天。你可能以为你的动作很轻微，但这会吸引其他同学的注意力，导致分心。
- 在教师或其他同学发言时，不得与同伴聊天。

违反以上规定虽不会影响期末成绩的评定，但这是一种违反课堂道德的行为，将使你得不到教师和同学的尊敬，而这些同学有可能是你未来的同事。

示例来源：INLS151：Organization of Information in a Digital Environment，University of North Carolina at Chapel Hill，Kristina M. Spurgin，Spring 2004。

## 制度和期望：学术诚信、方便残障学生的声明和校园安全

大学的制度与期望（在法律意义上）不同于前文提出的课程规定与期望，这些制度与期望是非正式的。学校的制度是一种正式的声明，它传达的是大学或学院的法规和规章。在课程实施大纲中提及这些法规和规章是一个好的想法，主要有两个理由：第一，提及学校制度显示你在借助校园管理委员会的权威证明你的课程行为准则的合法性。这是一个强有力的声明。第二，州与联邦制度推动了专业和学校制度与程序的发展，你用自己的专业标准和州与联邦的政策教育你班上的学生，可向他们传达你对终身学习的重视。指导学生阅读学校出版物和学校网页上的正式制度声明，让他们知道这些制度对学校社区是非常重要的。

一种合理的预测是：将有越来越多的大学要求教师在课程实施大纲中引入学校标准化的制度声明。这是大学在对教师和职工进行危机管理培训中关注的问题。无论危机情景是由爱捣乱的人引起的，还是因为实验室助理在使用有毒物质时无意犯错造成的，大学的每个成员都需知道，危机发生后，应该立刻去哪里报警或求助。现在学生

可以在校园网上进入课堂管理系统,看到在线课程实施大纲,并可链接和阅读到学校的现行制度。

**示例1：学术诚信**

虽然课程作业的设计以及与课程有关的成果,考虑到了学术不端,但你们还是要注意：根据蒙茅斯大学(Monmouth University)的政策,"凡出现学生在论文和书面作业中有剽窃行为,在考试中有作弊行为,课程成绩自动归到F档,并会上报行政助理副校长采取进一步的纪律行动"。

考虑到抄袭也可能是由于学生缺乏这方面知识导致的,即不知道写论文时怎样适度引用他人的作品,因此,请各位访问以下网站。这些网站清楚地阐述了剽窃的构成,提供了一些案例或设计了几份剽窃概念理解的在线测试。可以登录网址 http://www.princeton.edu/pr/pub/integrity/pages/plagiarism.html 和 http://education.indiana.edu/~frick/plagiarism 查阅。

*示例来源*：PR498-50：Comminity Development across the Globe, Monmouth University, Bonnie Mullinix, Fall 2003.

**示例2：学术诚信**

学术带来荣誉。在完成本课程作业的过程中,你们可以和任何人合作,但你们必须详细地描述所得到的所有帮助,并在参考文献之后附上致谢。

*示例来源*：English 211：Literature and Intermediate Composition, United States Air Force Academy, Barbara Millis, Spring 2002. Section cited was developed by Tom Kris, former course director at the United States Air Force Academy and now professor of English at University of Central Florida.

**示例3：学术诚信**

哥伦比亚学院是一个学者的社区,学者把学术诚信视作立身之本。任何欺诈,包括一切形式的抄袭,都被荣誉准则和学生行为守则严厉禁止。学生抄袭或其他欺诈行为一经证实,该课程成绩将被判不及格,并将提交给学术荣誉委员会做进一步处罚。

你们首先应读一读非常实用的学院《写作守则》(以下简称《守则》),网址:http://www.columbia collegesc.edu/WID,对照《守则》,你们可以检查自己的学术诚信问题。《守则》包含了一些非常有价值的链接,如"抄袭的界定和避免""参考文献的有效利用"和"文档样式"——你想知道的关于"如何道德地和明智地使用资源"的一切都可在《守则》中找到,包括不同学科的引用格式和真实成功的研究论文模版。

在"英语101"课程(也许在其他课程中)第一周课上,你们会遇到有关参考文献的引用问题,在做写作作业之前,你们可以参阅《哈布勒斯学院手册》(*Harbrace College Handbook*)和《参考文献有效引用》(*Using Sources Effectively*),作为使用参考文献的指南。从此刻开始,务必了解并遵守这些规则,进行诚实和有效的研究与写作。如果对这些规则还不是很清楚,且又是修完了"英语101"课程第一部分的学生,或者注册了"英语101"课程之后的其他一门课程,而这门课程又要求写作,请你务必向老师咨询一下,澄清不明白的地方。作业一经提交,你就会受到荣誉准则规定的管辖,如有违反将受到处罚。如果你是一名交换生,没有修过哥伦比亚学院的"英语101"课程,或者你不需要修这门课程,但你仍然有义务了解上述有关学术诚信的材料。

学术不端指以下这些错误行为:

● 将其他学生撰写的论文称作自己的论文。

● 将别人撰写的论文中的句子,用自己的话复述,然后引入自己的论文中,即使将这些观点归功于那个人。论文的论点框架结构必须是你自己的。

● 将别人的观点用自己的话表述出来,引入你的论文中,但没有提及原作者的贡献。

● 论文中引用另一位作者的原话但没有加引号,即使在注释中标明了原作者或只是稍微改了几个词,就声称是间接引用。

● 在没有得到两位任课教师的同意下,在两门不同的课程中提交了同一篇论文,即使是不同的版本。

对学生有用的有关抄袭信息的网址:

http://www.princeton.edu/pr/pub/integrity
http://albany.edu/cetl/teaching/plagiarism.html
http://www.northwestern.edu/uacc/plagiar.html
http://sja.ucdavis.edu/avoid.htm
http://online.fsu.edu/learningresources/plagiarism/student.html
http://library.msstate.edu/li/tutorial/plagiarism

你是否真的理解了抄袭的含义，是否明白为什么学术社区会如此严厉地反对抄袭？你可以登录网址 http://education.indiana.edu/~frick/plagiarism/，用网站提供的自评工具测试一下自己是否真正理解了。

假如你对教师有关学术诚信和抄袭问题的知识掌握深度以及教师如何发现和处理学术不端行为感兴趣，可登录网址 http://www.academicintegrity.org，在这里教师分享了有关这个话题的经验。

哥伦比亚学院是这个组织的成员，且哥伦比亚学院的教师非常了解学生抄袭纸质和网络资源的各种手法，这些手法会让学生因此而陷入麻烦。

你们也须警惕，有许多狡诈的网站会提供剽窃的在线文章，尤其你耽搁了时间，离截止日期越来越近，感到不能按时提交作业时，会引诱你犯下严重的错误。在这类网站上下载的文章很容易被教师发现。教师会利用以下工具检测你们的论文：http://www.trunitin.com，http://www.plagiarism.com，http://www.canexus.com/eve，http://www.google.com。另外，还有其他一些效率很高的检测工具。

请记住：荣誉就是荣誉的全部含义所在。

示例来源：English 310 (Honors)：The Psychological Novel，Columbia College，John Zubizarreta，Fall 2006.

**示例 4：方便残障学生的声明**

《美国残障人士法案》是一部联邦反歧视法，它为美国残障人士提供了广泛的民事权利保护。此外，该法案要求保障残障学生有良好的学习环境，学校必须为残障学生提供专门的设施。任何身体有残障的学生，如果有学习或住宿等方面的困难，可以直接与教师联系或向残障学生生活服务部门(在 Koldus 大楼 126 室)反映,也可拨打电话 979-845-1637。所有的讨论都会保密。

示例来源:MEEN357:Engineering Analysis for Mechanical Engineers,Texas A&M University,Raymuudo Arroyave,Spring 2007.

**示例 5:方便残障学生的声明**

根据《美国残障人士法案》的相关规定,有特殊需要的学生如果需要帮助,请马上与残障学生服务中心联系(地址:144MSC St. Louis;电话 314-516-6554)。如果需要住宿等方面服务,请在开学前与我们联系。我们将尽力满足你的特殊需要。

《密苏里大学圣路易斯分校 2006—2007 学年学生顾问》(The UMSL 2006—2007 student planner)包括了有关密苏里大学圣路易斯分校的学校制度和程序的信息,提供了与工作、教学、学习有关的规定和程序框架。这些信息也可以登录网址 http://www.umsl.edu/services/disabled/查询。我尊重和遵守这些政策。请各位要知道和明确这些规定,澄清有关教室设备、隐私保护、非歧视性、积极的工作环境、技术设备的使用和学生行为方面的支持和计划。

示例来源:EDPSY7647:Teaching for learning in the University,University of Missouri-St. Louis,Margaret W. Cohen. Fall 2006.

**示例 6:安全**

修习自然科学课程的学生要小心,你们可能会与潜在有毒化学品或者设备密切接触。为此,请务必严格遵守操作规程,尽量降低危险系数。为了确保安全,怀孕的学生可以把实验课推迟到生育之后。按照有毒化学品使用规程:学生任何时候在实验室使用化学品,都必须戴好护目镜,穿特制的鞋子和防护衣。严禁在实验室内进食、喝饮料和抽烟,教师不会容忍这样的行为。未经教师授权,严禁擅自做实验。

示例来源:CHEM122:Principles of Chemistry,Johnson County Community

College，Kevin Gratton and Csilla Duneczky，2005.

### 示例7：校园危机处理预案

新墨西哥初级学院致力于为所有的参观者、教职工和学生营造安全的校园环境。突发/危机事件信息手册旨在向本校师生和设备管理人员强调各种潜在的危险地方。新墨西哥初级学院已经确认了可能会出现的潜在危险并已做好相应的危机处理预案。这虽然不能让大家做好应对一切不测事件的准备，但主要目的是要让大家掌握防灾的基本常识。请认真阅读和熟悉本手册提供的信息，做好准备在突发事件发生时采取正确的行动（也要鼓励学生告诉教师，当他们出现急诊时可能去的医院）。

示例来源：Interpersonal Communication Syllabus，New Mexico Junior College. Retrieved July 11，2007，from http：//www.nmjc.edu/sap-prod/webview/syllabi.asp? courseid＝SE13&section＝25014。

### 示例8：校园安全

我校与豪厄尔县警察局西原警署签订了协议，该署警察下班后将为我校提供夜间安全服务，还与持有相关证书的人签订了安保服务协议。服务包括校园安保、护送服务和突发事件服务。如果遇到夜间突发事件，请打电话给加内特图书馆(417-225-7945)或夜间安全服务人员(417-257-9078)。火灾、飓风和一般校园求助，请看张贴在教室里的应急处理程序。想了解校园安全的其他信息，可以登录网址 http：//www.wp.missouristate.edu/campussafety 查询。

示例来源：Master Syllabus，Missouri State University. Retrieved July 11，2007，from．http：//www.wp.missouristate.edu/academics/3388.htm。

# 学习评价

和需要告知课程目的要求一样，学生也应知道，教师如何评价他们的进步，如何评定他们的平时作业成绩、如何确定成绩等第，以及平时作业成绩与课程最终成绩有多大的关系。在课程实施大纲中，教师应澄清即将使用的评估策略标准和规则。这些信息可让学生明确每次课程活动的方向，聚焦活动的目标。评估或评价不只是给出一个成绩等第。无论是在课程教学过程中还是在最后的学业终结性评价中，评价的主要部分是对项目和论文，以及对学生课堂展示、课堂交流和其他有助于学生理解怎样才能学得更好的各种回应手段的评价。

评价可以由教师做出，也可以由学生进行。如果课程中采用了同伴评价，你一定要注意评价中涉及的组织保障问题和伦理因素。评估应该包含持续的评价程序，以便让学生学会对自己知识与技能掌握水平的自我评价。现在，很多研究者强调元认知的重要性——让学生思考自己的学习，评价自己的进步。例如，布兰斯福德、布朗和科金认为，元认知是三个关键学习原则之一，要求教师将元认知植入综合课程之中。芬克最新的"有意义学习的分类"（Taxonomy of Signicant Learning）中提出，"学会怎样学习"是一个关键要素。在课程教学或课程单元教学之中持续进行的评价，与到课程结束时才给予的一次性评价相比，更能帮助学生改进学习。例如，让学生进行自评的一个方法是，要求他们把自己的论文与前面小组的不合格、合格及优秀等不同档次的论文作比较。如果你的课程目标之一是让学生学会自我评估，那么你在课程实施大纲中应对自我评估程序做出说明。你和学生都应该了解并依靠各种评估程序（Angelo & Cross, 1993）。在课程实施大纲中应该提供说明材料，向学生澄清评估的程序。

如果学生要进行论文写作、开发媒体产品、做研究或制作学习档案袋，他们需要知道成功地完成任务有哪些环节。如果要对学生进行考试，他们应该知道确定的考试时间，考试的范围，考试成绩占期末总成绩的比例。如果考试是由多种考核形式构成的，学生应该知道考试有哪几种形式。通常，学生也想知道试卷的考题类型（多项选择题、案例分析或问题回答、小论文等），以及考试能否在家里完成，还是必须在课堂完成；是闭卷考试还是开卷考试，等等。

实验活动（包括各种实验讨论、实习和田野工作）通常涉及不同的评价体系和评价人员。既要让学生和评价者清晰地理解评价标准，又要让他们熟练掌握评价方法的运用，这是很重要的。

**示例 1：文章**

本课程的第一个写作作业是要求大家写一篇描述附近某一地方的文章。文章篇幅：双倍行距打印，至少 4 页（至少写满 4 页，不多于 10 页）。

请按作业清单上的要求写作，先拟好一个初稿：
- 在大都会城区选择一个对你有重要意义的地方；选一个你喜欢的地方，不要选有著名自然景点的地方，尽管这种地方你很容易描写。
- 描述这个地方，吸引我们的注意；要用行为动词进行描写，使描写生动感人；不要通篇平均描写，要突出那个地方引人注目之处。
- 实地调查获取信息；进行观察（参观那个地方，确认描写的元素，探讨要写的内容）；借阅图书和开展网络搜索、利用社区资源、访谈当地居民，以及概括个人的体验。
- 采用典型的侧描手法或适当体现侧描的一些特点：
  ① 开头要介绍为什么这个写作对象现在令人感兴趣；
  ② 收缩、聚焦并统一主题；
  ③ 时间顺序的组织是现在、不久的过去、很久以前和将来；
  ④ 描写、事实、轶事、引言和引用资料为每一段文章提供支撑。
- 写作要生动简洁：尽可能使用行为动词。
- 创作要流畅连贯（前后一致）：写作时注意段落的统一、段落与段落之间的过渡，采用一些连贯技术，比如关键词的重复。
- 文章受众是受过大学教育、喜爱语言技巧的人。
- 作品要体现作者的地方意识：强调这个地方对你而言是陌生的，所以你要了解它，愿意对它进行探究（如"我第一次看见……"）——要有效利用课堂呈现的知识或阅读中获得的观点来展示你的新认知。
- 你是通过过滤器和镜头看你附近的地方，请分析过滤器和镜头的作用，解释这种现象：如果你曾经生活在其他某个地方，你现在看双子城时，你就会通过比较或与你以前生活的那个地方对比来看，这是一个非常有效的解释方法，可以阐明你是如何通过这个镜头看你附近的地方的。
- 在反思你对这个地方的理解中，会出现一些模棱两可、相互矛盾或令人啼笑皆非的东西,要对这些东西进行讨论(原有的看法和新的看法之间存在的张力,常常会让作者写出非常精彩的文章)。

- 按照你的生态意识,讨论你附近的某一地方。
- 根据你喜欢的散文、诗歌或电影,谈谈你附近的某一地方。
- 运用场景(小故事或趣闻轶事)阐明你对你附近某一地方的想法、见解与态度,包括这些想法或态度是如何发生变化的。

示例来源:WRIT532:Writing about Place,Metropolitan State University,Brian Nerney,2006. Copyright 2006.

### 示例2:同伴评价

"同伴的评价是否考虑周全,评价过程是否认真细致",我们将对此进行评价,主要是评价大家是否注意清晰地确定问题并提出问题解决办法。当然,我们要求大家成为心胸开阔和考虑周全的人,能真诚地提出建议。你们能够(和应该)平衡各种如何弥补弱点的建议或如何解决各部分问题的建议,这些建议最初可能是由"拉拉队"式的评论组成的。诚然,班级里没人是提建议的专家,所以,如果你的同伴评价说"每件事都非常好……我如何喜欢你……我真的喜欢你如何……当你如何时……甚至更好……"那说明这位同学没有提供建设性的建议,这位同学将得到50%的可能分数,因为他或她只做了一半的工作。实质且重要的批判性评价是一项独特而又体贴的服务,你们可以给同班同学或其他人提供这一服务,因为你们以后还要在圣劳伦斯大学之外继续你的职业生涯和生活,你们应当认真地对待这项任务。

示例来源:PSYCH317-A:Abnormal Psychology,St. Lawrence University,Pamela Thacher,Fall 2006.

### 示例3:自我评价

**部门小组展示的自我评价**

小组展示主题:_____

日期:_____

姓名:_____

打分参考：
0～1＝＜60％（D）
2～4＝70％～79％（C）
5～7＝80％～89％（B）
8～10＝90％～100％（A）

| | | |
|---|---|---|
| A. 小组展示的整体评价 | 35% | |
|   小组准备工作非常充分，每个成员为准备工作做出了同等的贡献。大家从各种适宜的来源收集信息，这些信息与主题的展示有密切的关系。我们开展的讨论思路清晰并富有创新性，形成了对影响社区发展的部门的理解。在小组展示与平衡时间之间以及小组成员的有效配合上，我们的安排合理。小组展示与活动顺序清晰合理，支撑材料运用得有效得当。课程展示的策略是邀请和鼓励全班同学主动参与。 | 10<br>9<br>8 | |
|   小组准备工作较充分，收集了所有案例并进行了评价。开展的讨论得到了合理的展示，形成了对影响社区发展的部门的理解。在小组展示和平衡时间之间以及小组成员的有效配合上，我们的安排合理。小组展示与活动安排连续有序，支撑材料运用得当。展示策略是邀请全班同学参与。 | 7<br>6<br>5 | |
|   小组展示不均衡，少数学生承担了大部分工作。虽然我们分享了信息，但大部分信息是由小组中的一位或两位收集的，不是真正代表小组的努力。小组利用的信息来源是我们收集的课程教案。以读笔记为小组展示的主要策略，很少用有意义的方式参与。 | 4<br>3<br>2 | |
|   小组没有做好应该做的准备工作，几乎没有对收集的功课进行评价……所有的信息均来自课本等指定读物。在准备工作中，课外读物即使有，也相当少。小组成员完全没有参与的积极性，小组展示的基本方式是念稿子。 | 1<br>0 | |
| B. 批评与讨论（课堂讨论和在线讨论） | 25% | |
|   对展示过程中或展示之后提出的问题，小组做了回答的充分准备。小组对所考察的部门有深入的了解，能清晰地阐述与该部门有关的问题，能界定相关术语，并能讲述该部门是如何为促进社区发展而努力的。通过开展讨论，在回答特定的问题时，小组能展示对该部门有关知识的了解得到了拓展。对提问的回答，有利于小组进一步阐释该部门并让全班同学更深入地了解该部门。 | 10<br>9<br>8 | |

| | |
|---|---|
| 小组能完整地回答部分问题,但不是全部。在回答中,小组展示了对所考察的部门的了解,能明确与该部门有关的问题,能界定相关术语,并能讲述该部门是如何为促进社区发展而努力的。通过开展讨论,在回答特定的问题时,小组能展示有关该部门的知识。对提问的回答,有利于小组进一步阐释该部门并让全班同学更深入地了解该部门。 | 7<br>6<br>5 |
| 小组收集的信息,虽然对课程设计和展示已经够了,但还不能充分应对同伴提出的问题。小组对所考察的部门还不很熟悉,还不能清晰地确定与该部门有关的问题和界定相关术语;小组对问题的大部分回答都是在重复小组先前的观点。 | 4<br>3<br>2<br>1 |
| 对提出的许多或大多数问题,小组不能回答。 | 0 |
| C.支撑材料(书面成果) | |
| 小组上交的支撑材料(讨论计划、参考文献列表、讲义或网络帖子)完整,便于交流,内容全面,且能与小组的实际展示、小组角色准确地匹配。参考文献列表清晰、格式标准,注释完整,提供的多数参考文献能恰当地涉及该部门。在材料的准备过程中,小组每位成员都做出了贡献。 | 25％<br>10<br>9<br>8 |
| 小组上交的讨论计划、参考文献列表、支撑材料(讲义或网络帖子)完整,便于交流、总体上能清晰地反映小组的展示与角色。参考文献列表清晰、格式标准,注释完整,提供的参考资料能涉及该部门。在材料的准备过程中,小组每位成员都做出了贡献。 | 7<br>6<br>5 |
| 小组上交的讨论计划有些地方不清晰或不能很好地用于交流,没有包含所有的要素或不能反映小组的展示或个人作用。参考文献很少或质量可疑,没有注释,格式不标准或与要展示的内容或部门的焦点无关。小组部分成员为资料准备和展示活动所做的工作实质上大于其他成员。小组没有付出多大努力去形成内容协调连贯的文件。 | 4<br>3<br>2 |
| 小组展示的课程计划不清晰,也不能体现小组的成果。书面材料表明小组成员之间缺乏协调。参考文献很少或质量可疑,与展示内容或主题无关。一个人做了所有支撑材料的准备工作,支撑材料内容没有连贯性。 | 1<br>0 |

| | |
|---|---|
| D. 个人自我评价(个人表现) | 15% |
| 　　我感觉我的准备是全面的,为小组的成就作了很多贡献。我提供的信息与小组其他成员提供的信息很匹配,由于我们事先对研究计划进行了协调部署,因此收集的资料恰到好处。小组全体成员都为小组展示做出了很多贡献,我的贡献与其他人的贡献基本相当。 | 10<br>9<br>8 |
| 　　在展示中,我负责的部分很好,但我与小组其他成员协调不够。虽然我与大家恰当地分享了信息,但我感到,我用于展示的某些信息与主题的相关性不足。总体来讲,我为小组目标的实现做出了合乎情理的贡献。 | 7<br>6<br>5 |
| 　　我对小组成就的贡献较少。我虽为课程展示和讨论活动作了一些贡献,但似乎没达到小组其他成员的同等水平或没达到我所见到的其他小组展示中表现出来的水准。我基本上是依靠小组其他成员去做展示,我只是念了一下稿子。 | 4<br>3<br>2 |
| 　　我没有为本次展示做什么准备工作。我在展示中念的稿子或提交的信息都是我的同伴提供的。 | 1<br>0 |

示例来源:PR 498-50:Community Development across the Globe,Monmouth University,Bonnie Mullinix,Fall 2003.

**示例 4: 学习合同评价**

　　学期结束时,每个同学都要在教师的指导下,和其他同学一起进行一个系统性调查,以提高对终身学习的认识,具体内容如下:

　　(1)建立与本课程目的和学习目标相一致的个人学习合同。该合同会参照诺尔斯(Malcolm S. Knowles)提出的格式与要求(参见保存在工作平台在线课程文件夹中的学习合同部分),包括学习目标、学习策略与资源、达到目标的证据、有效证据的标准与方法、每个目标达到的预计时间和预定日期。

　　(2)与教师商议本课程打算接受的成绩等第。

　　(3)开展一个成人教育哲学基础的深度研究。

　　(4)在感兴趣的成人教育哲学领域,尽可能地学习所有的知识。

　　(5)努力带动班级其他同学在感兴趣的领域主动学习。

示例来源:AduEd6412:Philosophical Foundations of Adult Education,University of Missouri-St. Louis, John Henschke and Pi-Chi Han, Fall 2007.

### 示例5：档案袋评价

档案袋概念是从艺术领域移植过来的。档案袋是为特定目的、用最佳的个性化方式展示自己以及自己的作品。特定的目的影响着装入档案袋中的文件选择。在《大学教与学》课程（代码：EDPSY 7647）中，设计档案袋的目的是要展示学期作业和对所学内容的相关思考。

对收集的资料（通常指"人工制品"）有机加工，能反映你们能够做什么，本学期你们从这门课程中学到了什么。档案袋囊括了教学准备文档、课堂表现材料、专业成长材料和活动反思证明材料。每个"人工制品"都要辅以书面的选用依据解释（反思），阐释为什么要选用这个"人工制品"。

在对每一个进入档案袋的"人工制品"做选用依据解释时，作为一个学习者，要评价这件"人工制品"契合档案袋要求的程度，阐明与课程目标的吻合度，使用或打算使用知识的方法，以及一些还没解决的或将要探索的相关"人工制品"的问题。在将来，你的任务是调整档案袋中的相关材料，使之成为教学档案袋的一部分。你为每个文件所写的选用依据解释要简明扼要，每个解释篇幅是一个段落。所有的选用依据解释加起来不能超过6页。组织档案袋的方法有许多。组织档案袋的理论依据应与档案袋要求的相关文档插在一起。你也可以选择先插入理论依据，然后让读者参看档案袋组织要求和附录中的标签。你可以考虑编制一个内容目录，这可以让你的档案袋组织结构更清晰明了。

示例来源：EDPSY7647：Teaching for Learning in the University, University of Missouri-St. Louis, Margaret W. Cohen, Fall 2006.

## 评分规则

学生总是关心教师将如何评价他们。对此，你可以专门描述你将如何考试和评分,这样可减轻学生对成绩的担忧。在课程实施大纲的这个部分,你应该对书面论文、家庭作业、口头展示、实验室工作和实验报告的评价进行讨论。在这部分也应该说明考试的类型和次数、各自的分值和每次考试在期末总评中所占比例。最后,还要向学生说明你是如何给定最终成绩的。你要向学生说明你的期望是合理的、公平的、可达成的,这样可使那些焦虑的学生放心;非常仔细地澄清评分标准,也能降低这种可能性——成绩优秀的学生可能对你施压,让你修改课程实施大纲中的评分标准。

有关评分的问题马上就会招致学生的抱怨。学生最讨厌的是,教师改变已宣布的评分标准,或由评分规则模糊而产生的差异,或教师不宣布评分标准。在课程实施大纲中描述经过仔细推敲的评分标准,始终如一并公平地执行这些标准,这会减少学生对评分的焦虑,让你免受这种来自学生的压力,这是教学职业中最大的压力之一。

学生不仅急切想了解课程的要求,而且也很想知道每个要求占期末总评的比重。为此,准确地阐述期末总评成绩的构成是很重要的。研究表明,学生准备的论文式考试,与所谓的客观考试相比,是完全不同的。你必须向学生讲清考试的性质与范围。范围(如第一章至第十章内容,加上课堂讲授材料)和试题类型(多选、简答、论文等)要尽可能地具体明确,以便让学生能做好充分准备。考试是学习过程的一部分,通过考试可以强化课程目标、家庭作业和课堂活动,并促进学生的进步。

补考规定也非常重要。规定过于刻板会引起各种弊端,学生中有些人会自以为是,不认真对待许多课程时间要求。规定太宽松或规定的具体要求不明确有时也会导致对学生要求的不适当或不相称。要在课程实施大纲中向学生讲清补考的评分规程。

在课程实施大纲的这部分对你解释评分规程以及学院的期望,也是有帮助的。你一定要说明,你是否采用增量打分(incremental grading)的方式(如 $A^+$, $A^-$ 等)。在课程实施大纲的这个部分,你也要介绍学校对有关未完成课程的评分和退出课程的规定。韦默建议,教师要基于学习中心设计评分规程。

### 示例1:评分标准

课程成绩等第:本课程的作业不采用打分形式。每个作业只有通过或不通过两类。本课程的期末成绩由你得到的作业通过次数决定。

等第"A"

(1) 在截止日期之前完成并上交 14 篇中的 12 篇及以上的学习日志。
(2) 在截止日期之前阅读和上交 12 篇中的 11 篇阅读总结作业。
注意：每篇阅读作业的阅读任务是读两三章并撰写阅读总结。
(3) 任选两个章节，备课并授课。
(4) 完成一个期末项目。

等第"B"

(1) 在截止日期之前完成并上交 14 篇中的 11 篇学习日志。
(2) 在截止日期之前阅读和上交 12 篇中的 10 篇阅读总结作业。
注意：每篇阅读作业的阅读任务是读两三章并撰写阅读总结。
(3) 任选两个章节，备课并授课。
(4) 完成一个期末项目。

等第"C"

(1) 在截止日期之前完成并上交 14 篇中的 10 篇学习日志。
(2) 在截止日期之前阅读和上交 12 篇中的 9 篇阅读总结作业。
注意：每篇阅读作业的阅读任务是读两三章并撰写阅读总结。
(3) 任选两个章节，备课并授课。

等第"D"

(1) 在截止日期之前完成并上交 14 篇中的 9 篇学习日志。
(2) 在截止日期之前阅读和上交 12 篇中的 8 篇阅读总结作业。
注意：每篇阅读作业的阅读任务是读两三章并撰写阅读总结。

等第"F"

(1) 在截止日期之前完成并上交的学习日志少于 9 篇。
(2) 在截止日期之前阅读和上交的阅读总结作业少于 8 篇。

示例来源：Psychology 426：Advanced Physiological Psychology，Clemson University，June Pilcher，Fall 2006。

**示例 2：评分**

成绩的计算与评定如表 2-2 所示。

表 2-2　成绩计算和评定表

| 等级 | 分数百分比 | 描述 |
| --- | --- | --- |
| $A^+$ | 94%～100% | 杰出 |
| $A^-$ | 90%～93% | 优秀 |
| $B^+$ | 87%～89% | 很好 |
| B | 84%～86% | 好 |
| $B^-$ | 80%～83% | 满意 |
| $C^+$ | 77%～79% | 较满意 |
| C | 73%～76% | 合格 |
| $C^-$ | 70%～72% | 可接受 |
| $D^+$ | 67%～69% | 基本可接受 |
| D | 63%～66% | 通过 |
| $D^-$ | 60%～62% | 勉强通过 |
| F | 60%以下 | 失败 |

**打分的一般标准**

A 等

作业完整,有原创性与独立见解,作业的水平和质量大大超过了教师对学生目前学业水平的期望。学习成果显示,学生对课程问题有深度理解和高层次的分析思维,虽然在语法、引用和参考资料方面有些小瑕疵,但作业思路清晰且具原创性,写作风格连贯一致(用 APA 或其他格式),参考文献来源广,质量高。在研究、分析或展示中,合理、有效地进行了技术运用的探索。

B 等

作业完整,达到了教师期望的水平。按照学生目前的学业水平,作业完成的质量适中并可接受。学习成果显示,学生对课程问题有扎实的理解和较好的分析能力,虽然在语法、引用、参考资料方面有些错误,但作业思路清晰且文笔流畅,写作风格总体连贯一致(用 APA 或其他格式），参考资料来源广泛。在研究、分析或展示中合理、有效地进行了技术运用的探索。

C 等

部分作业不完整且迟交（但得到老师的同意或准许），只有部分作业达到了教师的期望，或按照学生目前学业水平，部分作业质量没达到可接受的标准。学习成果显示，学生对课程问题存在不一致或比较肤浅的理解，分析能力一般或存在明显的语法错误，引用格式错误或格式不统一，参考文献来源有限或质量参差不齐。在研究、分析和展示中运用了一些技术或技术运用不是很得当。

D 等

作业不完整、迟交或只有部分作业达到教师的期望，按照学生目前的学业水平与排名，大部分作业的质量是不可接受的。学习成果显示，学生对课程问题理解有限，分析能力有限或存在明显的语法错误，引用不充分或不正确或不一致，参考资料来源质量低下。在研究、分析和展示中没有运用技术或技术使用不得当。

F 等

主要作业没有提交，不完整，或在没有教师允许的情况下，作业上交得非常迟，表明学生缺乏努力或缺乏对核心课程概念的理解。

W 等

退出课程——注意，2003 年 11 月 6 日是退课的最后一天，退课以后课程成绩自动打为 W 等。

示例来源：PR498-50：Community Development across the Globe，Monmouth University，Bonnie Mullinix，Fall 2003。

## 如何获得课程学习的成功：研究和学习工具

不同的课程需要不同的学习模式与实践。在课程实施大纲中提出的策略,是你从其他修过你课程的学生那里得到的。你要考虑如何帮助学生开始以你所教学科的思维方式进行思考,然后教他们学会如何像一个历史学家一样思考或像一个物理学家一样解决问题,这样他们就会发展课程成功学习所需的元认知工具和框架。如果在本课程中你选定了一些课外补充读物作为学习的支持材料,那么你就要向学生推荐这些读物出版商的配套导读和在线课程支持材料。许多课外补充材料,包括课内活动材料或学生课前准备材料,都是由内容专家(content experts)撰写的。

**示例1:怎样学习本课程**

最后,但并非最不重要的是,积极思考并相信自己能理解和学好统计学。你是自己学习的主人。不要唠叨,如"我刚好不是一个擅长数学的人"或"我不太适应网络课堂的学习",这都是学习的陷阱。一旦你让自己听信这些想法,你就会失去对学习情境的控制,有可能再也没有办法改变。如果你让自己感到控制不了现状,那么你不仅不能改变所发生的情况,而且会认为你学了多少或学得怎样都不再是自己的责任——你会认为,这超出了你的控制。换言之,如果你告诉自己你能学好统计学,而且你能对自己的学习负责,那么你就能控制现状,并能采取措施改变现状。你们中有很多人可能会告诉自己的同学,你们曾有过同样的经历。那么,哪些措施可使你们承担起自己的学习责任呢?

(1)根据当周上课涉及的内容,请把教科书指定章节至少读三遍。

(2)在观看教学视频时,认真观看、倾听并做笔记。请记住,如果你不看视频,就像你不去上课一样,仅仅从其他同学那里抄课堂笔记,你会错过很多东西!(看看上课的幻灯片,无论用什么方式,以什么状态或用什么形式,都不能替代通过观看视频所提供的讨论,除非你的学习风格很特别。)

(3)加入或与班级某些同学组建一个学习小组,每周在一起完成家庭作业,讨论问题,向同伴学习。

(4)找一些能提供不同视角的其他教科书和阅读材料,读完每周指定的教科书后,读一读这些材料(本课程内容主页上罗列了许多"资源",你们可以从那里下载)。

（5）要完成当周布置的所有作业。如果你不能正确解答家庭作业题目，且不明白究竟是什么地方出错时，你应该向教师提出这些问题。

（6）千万不要耽搁阅读任务或家庭作业。

（7）要利用各种不同的渠道向同伴和教师请教，包括在讨论板上张贴需要得到帮助的有关课程内容的问题，在教师办公时间或预约在双方都方便的时间，向教师寻求帮助。

（8）你要明白，和学过的或正在学的其他课程相比，大部分学生学习本课程都需花更多的时间。请记住，每上一次课，你就应该在课外花 3 小时学习。几周不能面对面上一次课的学生，用于预习和复习的时间不能少于 12 小时。几周面对面上一次课的学生，用于预习和复习的时间不少于 9 小时。那些注册在线学习的学生，每周至少应该花 12 小时预习和复习上课内容。在本课程学习中，学生花比上述更多时间预习和复习的情形很常见。你得愿意每周把大量时间用于本课程，这是本课程的基本要求。

（9）积极思考并不断提醒自己："我是自己学习的主人，我要对自己的学习负责。"我有能力学习与理解统计学。我将努力学习与理解统计学。我会主动学习与理解统计学。为确保我学习与理解统计学，我会采用自己生活中的一些策略。我会对自己的学习负责，我可以控制我对统计学的学习与理解。

（10）请记住，教师看不到你的内心想法。如果你不提问题，教师就会认为你对教学内容的学习与理解已没有问题。只有你提出问题，教师才明白你在理解上有了麻烦。如要提问，一定要清楚哪些内容你不懂，问题要具体，不要说类似"我不理解这一章的内容"。当你观看教学视频时，如有问题，要尽快记下来，然后通过邮件、电话告诉教师，或在遇到教师时顺便请教教师，让自己的问题得到解决。

（11）不要等到期中的前一周才对教师说："我没有理解第一章的内容。"请记住，我们学习的内容具有积累性——每个章节都建立在前一个章节的基础上。你必须理解我们每周的上课内容，这非常重要，只有这样你才能更好地学习和理解下周的教学内容。

（12）不要等到在期末总评成绩公布出来了，才突然变得很关心你的成绩。一旦你的作业被评定了等级，而且已经公布，那就一点办法也没有了。正如课程实施大纲中声明的，不要迟交作业，不要缺课，也不要重做作业等。在你遇到问题之前,为了课程学习成功,你要采取措施并运用策略,这是很有必要的。作业一经提交,做什么都晚了。

(13) 挑选一本励志性的书读一读,提醒自己：我能做得很好! 我向你们保证,前面几个学期,一直有同学比你们更害怕统计学,但他们努力去学了,并对自己学习与理解的教学内容负责,最终他们都完成了课程,而且成绩很出色。相信你自己! 我相信你们!

示例来源：EDF6401：Statistics for Education Data, Debbie Hahs Vaughn, University of Central Florida, Fall 2007.

**示例 2：应用学习策略阅读教科书**

在本课程(代码：EdPsych 312)补充资料包里有各种读书笔记策略和有助于理解课程内容的学习策略。传统上,我们大多数人所做的读书笔记都是提纲式的。这种读书笔记对我们有些人很有用,但不是对所有人都有用。有相当多的读书笔记策略,我们可以熟悉一下。懂得怎么使用这些策略将有助于大家帮助你们未来的学生在阅读时使用这些策略。本学期你们读珍妮·埃利斯·奥姆罗德的《教育心理学：发展中的学习者》(Jeanne Ellis Ormrod：*Educational Psychology：Developing Learners*)时,在做章节读书笔记时,至少要使用6种读书笔记策略。这些笔记将成为你学习档案袋中文档的一部分。我会定期检查大家的章节读书笔记,看看你们使用了哪些策略,了解你们读过哪些章节。在你们尝试了6种策略后,你就可以自由地尝试其他策略,或者选择那些特别适合你的策略。由于上课时间有限,我们不可能在课堂上学习教科书的所有内容。然而,你们务必把书读完,并向我证明你们已经读完了。补充资料中有各种学习策略的要求供你们选用。

示例来源：EdPsy312：Psychology of Teaching and learning, University of Missouri-St. Louis, Margaret W. Cohen, Spring 2000.

**示例 3：如何获得物理学课程学习的成功**

我花了很多年学习物理学,在学习过程中,我发现下面这些方法对我的学习很有效。你也应该努力寻找一种对你有效的学习方法。或者试试下面我的方法。

第一,预习。

上课之前,你应该读读教科书。只有课前读了教科书,你才能抓住关键概念和在课堂中提出好的问题。

第二,课堂教学中。

上课时,你应做好课堂笔记。不要抄我在黑板上写的所有内容——这些内容大部分(即使不是全部)来自教科书。你要记下教师教授的教科书中一些容易让你产生混淆的概念解释。只有在课前读过教科书,你才能记好这种类型的笔记。

第三,问题解决。

要想掌握物理学的概念(并得到一个好的成绩),唯一的途径是解决问题——解决大量的问题。为此,我向你们推荐这本《学生学习指导手册》。这本指导手册有许多解决问题的系统方法。最有效地使用这本指导手册的方法是:在你阅读问题的时候,先盖住问题的解决方法。思考一下,你能解决这个问题吗?如果不能,看一眼问题解决方法的前几行字。然后再盖住,再次尝试。如果你只读读这本指导手册,对你帮助不大。

第四,考试。

在每次考试之前,你应当浏览一下教科书、课堂笔记、家庭作业和其他资料,以便编纂自己的学习笔记。如果你已理解了这些概念,就不需要再把它写下来。如果你在一些细节的记忆方面有些困难,你就做一些笔记提醒自己。在考试期间,允许你把这类提醒自己的内容写在一张纸上并带入考场。

**解决问题的一种操作性策略**

1.尽量独立解决问题
- 为问题画一张图,并且确信你理解了问题的本质。
- 写下问题中给定的所有信息。
- 写下解决这个问题你所需的所有信息。
- 写下你认为可以给你解决问题带来信息的各种方程式。
- 加进一些数字。看看结果是否有意义?

2.如果你仍有困难：
- 确信你已读过了教科书的全部内容。
- 看一遍教科书中和学习指导手册中的案例。
- 和班里其他同学讨论一下。这里要注意，不要盲从他们。你得弄懂如何解决这些问题，这是你通过课程考试和获得对你周围物理世界的理解的必要条件。
- 自己再次尝试，返回第一步。

3.如果你仍困惑不解：
- 请到我办公室来。我很乐意帮助你解决问题或与你讨论任何难题。

示例来源：Physics24：General Physics，University of North Carolina at Chapel Hill，Lorenza Levy，Fall 2006。

**示例4：如何获得在线课程学习的成功**

你们当中有些人可能有过在线学习的经历，但其他人可能是第一次修读这种课程。与面授的课程相比，在线课程让你们每个人自己（你的同学也一样）承担的学习责任更大。在《现代世界的形成》这门在线课程中，要想获得学习成功，我认为以下三点至关重要：

第一，要为自己的学习承担责任和为按时完成作业实行自律。为了做到这一点，首先要通读课程实施大纲，尤其是教学日程，仔细了解每周的学习内容、书面作业上交的截止时间和期末考试日期。在截止日期之前，你必须留有足够的时间完成阅读作业。你需要把回答问题和回复帖子的思考时间也考虑在内。而且，你得积极参与我们有关课程内容的讨论。所有这些都显示了你大量的时间投入和精力付出，这正是在线教育的本质。曾修过本课程的学生汇报说："努力与满意之间的关系非常直接——你为本课程投入的时间与精力越多，你的收获就越多。"

第二，我想强调坚持和持续努力的必要性。我们大家都有一种倾向（有时可能是需要），非得等到最后一刻，否则不会干活。我认为，如果你也这样，就会严重影响你获得课程学习的成功。你需要每天完成本课程的学习任务。有些学习任务，像阅读作业、对讨论问题的答案进行思考和准备写作作业，可以离线进行。搜索互联网其他相关链接,上传你的答案,回复其他人的想法,这些需要在线进行。不论你现在从事何种工作,你每天应该至少登录一次我们的平台,以便及时获得重要消息和通知,了解有关本课程内容讨论的实时进展情况。

第三,是在前两点讨论的基础之上提出的。学生经常问我,"我应该花多少时间学这门课?"显然,学生与学生之间是不一样的。我们总共有 8 周时间在一起学习,你可以随你的学习情况和时间安排做调整。按我的经验,我认为,你每周用于课程学习的时间至少得有 6～9 小时。下面,我提出了一个课程学习的日程安排建议:

周六至周一:完成教师布置的本周阅读作业,做教科书读书笔记,访问相关网站,思考和计划每周讨论问题的答案。

周二至周四:上传你每周讨论问题的答案(不要晚于周二的 21:00),回复其他同学的帖子(不要晚于周四的 21:00)。

周五:休一天假,让自己放松一下。

与传统面授教学相比,在线学习是一种非常不同的学习经历。它需要你对学习的完成更负责。我的工作是帮助和指导,而非充当"讲坛哲人"。让我们共同合作,我确信,我们能为你和班级其他成员带来一个有意义的学习经历。

示例来源:CORE151:Shaping of the Modern World,Duquesne University,Michael Cahall,Summer 2006.

## 示例 5:如何获得在线课程学习的成功

欢迎大家选修《流行病学》在线课程(代码:HSC 4500)。这种形式的课程对大部分人来说是全新的,全班同学将不用在传统教室里集合上课。因为这是一门有关流行病学的导论课程,所以,网络可为这门课程提供完美的环境。本学期,我们将使用若干媒体资源,作为教科书的补充。本课程的主页是 reach.ucf.edu/～hsc4500。

你们怎样才能获得本课程学习的成功呢?这是一门健康服务业行政管理高阶课程。你须具备使用电脑的基本能力。如果你不习惯使用个人电脑或多功能电脑进行学习,那就请先不要选修本课程。你可以退出本课程,先选修《计算机应用基础》(代码:CGS 2100)或同类课程。我们将使用微软办公软件。你需要熟练地掌握对这些软件的使用。你可以在家、工作场所或学校机房里使用这些软件。我们将使用的微软办公软件有 Word、Excel、Access 和 PowerPoint。请查阅课程实施大纲网页,了解你可能需要的有关本课程参考书目和其他资料的信息。

在本学期开始之前,我会给你们发一封邮件。邮件里提供的信息将有助于你顺利地开始本学期的学习。你们要正确地提交电子邮件地址,这很重要。我将把这个邮箱看作你们在中佛罗里达大学的公务邮箱。我想使课程尽可能无纸化。请查看一下本课堂的网站,检查一下课程实施大纲、学术资源和主题各栏目的按钮。我认为,你们可从中找到开始学习的所有材料。你可选择在线阅读或打印出来。有关课程实施大纲、学术资源和主题的网页将于 8 月 20 日更新。更新结束之后,本课程将于 8 月 24 日(周五)正式开课。

本课程登录账号和密码将于 8 月 20 日建立。如果你不熟悉这些,请查看有关登录账号和密码的指导说明。当然,你需要清楚你的个人身份号和网络身份号。登录网址为:http://www.ucf.edu/pidandnid/。

登录以后,你需要马上做两件事:

(1)进入班级登录处(网络课程平台),检查在线日历。选择编辑按钮,你就能打印本学期本课程所有活动日程。本课程所有活动安排信息都在上面。

(2)使用 E-社区功能输入你正确的邮箱地址,写一个简短介绍,并选择一张你自己的照片。E-社区按钮在课程主页上。本学期一开学就需完成这些事情。这非常重要!

什么是 E-社区呢?我们将使用 E-社区帮助大家在中佛罗里达大学建立一个在线学习社区。它允许我们公布你的电子邮件地址和简介,甚至贴上你的照片。请记住,80%以上的中佛罗里达大学校友都在佛罗里达中部地区。你的同班同学可能就是你未来的邻居、合伙人、朋友、竞争者、雇主和雇员。我想让大家彼此熟悉,以后这就是一笔资源。

有关教科书的重要信息将在课程主页中本课程的课程实施大纲网页上公布。你得确保你购买的是本书的第四版!

欢迎你使用主校区或分校区的校园电脑房。本校所有学生都在飞马座服务器(Pegasus server)上有一个邮件账号,并通过这个服务器连接互联网。你可以在家或工作场所使用个人电脑上网学习。如果你要使用校外供应商的服务器,那也可以。Internet Explorer 是我们推荐的浏览器,它可以免费下载。如果你正在使用诸如雅虎或其他供应商提供的邮箱服务,你要确保你的邮箱有空间。如果没有空间,我发给你的邮件将会被退回,你就不知道我们接下来要做什么了。如果你没收到每周我发给你的邮件,那么,你的邮箱可能有问题。

本学期,你必须经常查看你的邮件,每周至少在线三次。你将会与我的助教、同班同学和加入进来的客人进行交流。只要方便,你随时都可做这些事情。

示例来源:HSC4500:Epidemiology,University of Central Florida,J. Stephen Lytle,Fall 2007.

**示例 6:学习风格问卷**

家庭作业截止日期是 2007 年 1 月 17 日。

你们要做两份在线学习风格问卷调查:VARK 问卷(Visual,Aural,Read/Write 和 Kinesthetic 的缩写)和学习风格指标问卷(Index of Learning Styles Questionnaire,ILS)。请把你做的两份问卷的结果打印出来,于 2007 年 1 月 17 日(星期三)上午 9:00—10:15,将你的问卷分数上传到学习风格模块。如果你没有完成这个作业,那么模块会降低你参与"学习风格将如何影响你的教学""你未来的学生如何进行最有效的学习"等问题讨论活动的得分。

VARK 问卷

VARK 问卷的目的是找出你在信息处理方面的偏好。你有自己喜爱的学习风格,这种学习风格的一部分是你接受与传播观点和信息的喜爱方式。你选择的回答可以很好地解释你的偏好,请点击问卷右边的字母选项,做出你的选择。如果只选一个答案与你的想法不匹配,可以选多个答案。不能回答的问题可留下空白。你可以通过登录网址 http:www.vark-learn.com/English/page.asp?p=questionnaire,在网上完成 VARK 问卷。

学习风格指标问卷

学习风格指标问卷由 44 个有关学习偏好的问题组成。你可以选择选项上能代表你偏好的"a"或"b"做出回答。每个问题只有一个答案。完成问卷后,请点击问卷栏下方的"提交"按钮。

你可以通过登录网址 http://www.engr.ncsu.edu/learning-styles/ilsweb.html,在网上完成学习风格指标问卷。

示例来源:GRAD701:College Teaching, University of Nevada-Reno, Barbara Millis, Lesley Sheppard, and Scott Parker, Fall 2007.

# 第三章 推荐参考读物

本书最后一章将提供一份详细的聚焦学习、教学和学生等具体方面的参考读物清单。这些参考读物拓展了本书的理论基础,不仅为思考如何设计以学习为中心的课程实施大纲提供了工具,而且为创建以学习为中心的课堂提供了方法。

参考读物按以下类别编排:一般教学、主动学习、评估和评价、合作和协作学习、课程和课程设计、批判性思维、信息技术、学习和学习动机、学生差异、与课程实施大纲建设有关的在线资源。最后,列出了一份有关创建带注解的教学档案的参考文献。这个教学档案可以帮助教师保存自己的教学创新与改进的文档。

## 一般教学

本部分所列参考读物可以为大学新教师和资深教师提供一些验证过的策略、技巧和建议。

[1] 美国学院与大学联合会:《更大的期望:将大学学习作为新的国家愿景》[Association of American Colleges and Universities. (2002). Greater expectations: A new vision for learning as a nation goes to colleges. Washington, DC: Author. http://greaterexpectations.org]

[2] 贝恩:《怎样成为一流大学教师》[Bain, k. (2004). What the best college teachers do. Cambridge, MA: Harvard University Press]

[3] 博伊斯:《成为一流大学教师的原则:改进教学过程的十个

基本方法》[Boice, R. (1996). First-order principles for college teachers: Ten basic ways to improve the teaching process. Bolton, MA: Anker]

[4] 戴维斯:《教学的工具》[Davis, B. G. (1993). Tools for teaching. San Francisco: Jossey-Bass]

[5] 戴维斯:《更好的教学,更多的学习:中学后教育环境中的成功策略》[Davis, J. R. (1993). Better teaching, more learning: Strategies for success in postsecondary setting. Phoenix, AZ: American Council on Education and Oryx Press]

[6] 哈特菲尔德编:《改进本科教育的七个行动原则》[Hatfield, S. R. (Ed.). (1995). The seven principles in action : Improving undergraduate education. Bolton, MA: Anker]

[7] 莱特:《如何读大学:来自学生的看法》[Light, R. (2001). Making the most of college: Students speak their minds. Cambridge, MA: Harvard University Press]

[8] 洛曼:《掌握教学技术》[Lowman, J. (1995). Mastering the techniques of teaching. San Francisco: Jossey-Bass]

[9] 麦基奇,斯文尼奇:《麦基奇教学技巧:大学教师的教学策略、研究和理论(第十二版)》[McKeachie, W. J. & Svinicki, M. (2005). McKeachie's teaching tips: Strategies, research and theory for college and university teachers (12th ed.). Boston: Houghton Mifflin]

[10] 尼尔森:《最佳教学:以研究为基础的大学教师教学资源(第二版)》[Nilson, L. B. (2003). Teaching at its best: A research-based resources for college instructors (2nd ed.). Bolton, MA: Anker]

[11] 罗斯编:《令人振奋的教学:卡内基大学教授年度发言》[Roth, J. K. (Ed.). (1997). Inspiring teaching: Carnegie professors of the year speak. Bolton, MA: Anker]

[12] 罗伊斯:《大学教师的教学技巧》[Royse, D. (2001). Teaching tips for college and university instructors. Boston: Allyn & Bacon]

[13] 塔格:《大学学习范式》[Tagg, J. (2003). The learning paradigm college. Bolton, MA: Anker]

[14] 韦默:《以学习者为中心的教学:教学实践的五个关键变

革》[Weimer, M. (2002). Learner-centered teaching: Five key changes to practice. San Francisco: Jossey-Bass]

[15] 伍尔夫:《调整学习:有效教学的策略》[Wulff, D. H. (2005). Aligning for learning: Strategies for teaching effectiveness. Bolton, MA: Anker]

## 主动学习

本部分所列参考读物提供了各种主动学习的有效策略,这些策略可直接促进教学过程中学生的主动学习。读物中各种建议相当丰富,包括如何鼓励学生发言、倾听、提问、写作和反思教学内容等,可适用于各个学科。所选的这些读物的作者向我们呈现了许多各种不同的教学工具,包括:问题解决练习、学生研究项目、非正式小组作业、模拟教学、案例研究和角色扮演。

[1] 伯维尔,埃里森:《主动学习:创设激动人心的课堂》[Bonwell, C. C. & Eison, J. A. (1991). Active learning: Creating excitement in the classroom (ASHE-ERIC Higher Education Report No. 1). Washington DC: The George Washington University, School of Education and Human Development]

[2] 迈耶斯,琼斯:《促进主动学习:大学课堂策略》[Meyers, C. & Jones, T. B. (1993). Promoting active learning: Strategies for the college classroom. San Francisco: Jossey-Bass]

[3] 米莉斯:《按序编排教学活动帮助教师学会更好和"更聪明"的教学》[Millis, B. J. (2005). Helping faculty learn to teach better and "smarter" through sequenced activities. In S. Chadwick-Blossy & D. R. Robertson (Eds), To improve the academy (Vol. 24, pp. 216-230). Bolton, MA: POD Network and Anker]

[4] 西尔贝曼:《主动学习:适用于任何学科的 101 项教学策略》[Silberman, M. (1996). Active learning: 101 strategies to teach any subject. Boston: Allyn & Bacon]

[5] 斯坦利,波特:《大班教学:给大学教师的策略和技巧》[Stanley, C. & Porter, M. E. (2002). Engaging large classes: Strategies

and techniques for college faculty. Bolton, MA: Anker]

[6]萨瑟兰,伯维尔编:《在大学课堂中的主动学习:教师的一系列选择》[Sutherland, T. E. & Bonwell, C. C. (Eds.). (1996). Using active learning in college classes: A range of options for faculty. San Francisco: Jossey-Bass]

## 评估和评价

在本部分所列参考读物中,第一本书被视为讨论课堂评估技术的经典之作,该书提供了一份实用的教学目标编目,可以帮助教师识别和澄清教学目标。其他读物,每一本都对计划、设计和实施各种课堂评价策略提出了详细的建议和忠告。

[1]安吉洛,克劳斯:《课堂评价技巧:大学教师手册》[Angelo, T. A. & Cross, K. P. (1993). Classroom assessment techniques: A handbook for college teachers. San Francisco: Jossey-Bass]

[2]休芭,弗里德:《以学习者为中心的大学评价:从教到学的焦点转换》[Huba, M. E. & Freed, J. E. (2000). Learner-centered assessment on college campuses: Shifting the focus from teaching to learning. Needham Heights, MA: Allyn & Bacon]

[3]华富德:《简明评价手册:大学、学习和通识教育评价实践指南》[Walvoord, B. E. (2004). Assessment clear and simple: A practical guide for institutions, department, and general education. San Francisco: Jossey-Bass]

[4]华富德,安德森:《有效的评分:学习和评价的工具》[Walvoord, B. E. & Anderson, V. J. (1998). Effective grading: A tool for learning and assessment. San Francisco: Jossey-Bass]

## 合作和协作学习

合作学习是指将高度结构化的小组(团队)应用于教学。在小组中,学生通常通过合作解决问题的活动,使自己和成员之间的学习效率最大化。小组合作学习的关键原则是:① 积极地相互依赖(学生的合作有既定的原因,通常是由任务的性质决定的);② 个人责任(学生获得的等级反映的是他或她自己的努力和成绩,而不是没有区别的小组分数);③ 小组组成的异质性(分组不是"给"一份分组名单,而是要考虑学生不同的思维方式,使分组能促进批判性思维,同时也有助于小组成员提出问题的假设,培养现场工作技能,鼓励他们和思维方式不同于自己的同学进行合作);④ 小组进程(学生和教师都要关注小组或团队的合作进程);⑤ 社会技能(现场工作的基本技能,如领导技能和引导所有团队成员参与合作的技能等)。协作学习还没有一个明确的定义。下面所选的读物提供了一些以研究为基础的概念方式和一般原则,以及如何根据学科、课程、学生和环境构建合作学习活动的依据。

[1] 巴克利,克罗斯,梅杰:《协作学习技能:大学教师手册》[Barkley, E. F., Cross, K. P. & Major, C. H. (2005). Collaborative learning techniques: A handbook for college faculty. San Francisco: Jossey-Bass]

[2] 库珀,罗宾逊,鲍尔:《高等教育中的小组教学:过去经验和未来的愿景》[Cooper, J. L., Robinson, P. & Ball, D. (2003). Small group instruction in higher education: Lessons from the past, vision of the future. Stillwater, OK: New Forums press]

[3] 约翰逊,约翰逊,史密斯:《主动学习:大学课堂中的合作》[ohnson, D. W., Johnson, R. T. & Smith, K. A. (1998). Active learning: cooperation in the college classroom. Edina, MN: Interaction Book]

[4] 米勒,格雷西亚,米勒:《学生辅助教学:教师—学生团队合作指南》[Miller, J. E., Groccia, J. E. & Miller, M. S. (2001). Student-assisted teaching: A guide to faculty-student teamwork. Bolton, MA: Anker]

[5] 米莉斯:《更多的合作,更多的学习》[Millis, B. J. (2002, October). "Enhancing learning-and more! -through cooperative learning"(IDEA Paper No. 38). Manhattan: KansasStateUniversity, IDEA Center. Retrieved July, 7, 2006, from http: // www. idea. k-state. edu/resources/index. html]

［6］米莉斯，科特：《大学教师的合作学习》［Millis, B. J. & Cottell, P. G., Jr. (1998). *Cooperative learning for higher education faculty*. Phoenix, AZ: American Council on Education and Oryx Press］

## 课程和课程设计

本部分所列参考读物，对作者亲身参与的课程变革作了精湛的描述，并对课程开发的各个阶段提出了指导性意见，包括规划、设计和评估等阶段。每本书都包含了案例研究与改革实例，可以作为不同学科教师修订课程和增加课程活力的参考。

［1］戴蒙德：《课程与课程体系的设计和评价实用指南》［Diamond, R. M. (1998). *Designing and assessing courses and curricula: A practical guide*. San Francisco: Jossey-Bass］

［2］芬克：《创设有意义的学习经历：设计大学课程的综合方法》［Fink, L. D. (2003). Creating significant learning experiences: An integrated approach to designing college courses. San Francisco: Jossey-Bass］

［3］加德纳：《重新设计高等教育：让学生的学习得到显著增值》［Gardiner, L. F. (1994). Redesigning higher education: Producing dramatic gain in student learning (ASHE-ERIC Higher Education Report, No. 7). San Francisco: Jossey-Bass］

［4］詹雷特，那波里：《教学或学习的事业：迈阿密戴德社区学院的变革蓝图》［Jenrette, M. S. & Napoli, V. (1994). The teaching/learning enterprise: Miami-Dade community college's blueprint for change. Bolton, MA: Anker］

［5］伦德编：《重塑课程：三所赠地大学的振兴计划》［Lunde, J. P. (Ed.). (1995). Reshaping curricula: Revitalization programs at three land grant universities. Bolton, MA: Anker］

［6］威金斯，麦克泰：《通过设计理解课程（第二版）》［Wiggins, G. & McTighe, J. (2005). Understanding by design. (2nd ed.). Alexandria, VA: Association for Supervision and Curriculum Development］

## 批判性思维

本部分所列参考读物,对高校教师如何在课堂中帮助学生发展批判性思维技能的研究进行了综述。每本书都提出了将批判性思维融入学习内容的策略。需要强调的是,前两本书提供了在作业、教学、课程和专业中发展批判性思维的一系列案例。

[1] 比恩:《大学教师的学习观:写作、批判性思维和主动学习指南》[Bean, J. C. (1996). Engaging ideas: The professor's guide to integrating writing, critical thinking, and active learning in the classroom. San Francisco: Jossey-Bass]

[2] 科菲斯:《批判性思维:理论、研究、实践和可能性》[Kurfiss, J. G. (1988). Critical thinking: Theory, research, practice and possibilities (ASHE-ERIC Higher Education Report, No. 2). San Francisco: Jossey-Bass]

[3] 纳尔逊:《独角兽的毅力:对教学内容和批判性思维关系的重新权衡》[Nelson, C. E. (1999). "On the persistence of unicorns: The trade-off between content and critical thinking revisited. In B. Pescosolido & R. Aminzade" (Eds.). The social worlds of higher education: Handbook for teaching in a new century (pp. 168-184). Thousand Oaks, CA: Pine Forge Press]

## 信息技术

尽管探讨如何将信息技术作为一种工具应用于教与学的出版物很多,本部分所推荐的参考读物是有关创建有效的在线学习环境的指导性材料。将课程从面对面的课堂转移到在线学习环境,这要求对教学策略和课程要求进行彻底的修订,以确保学生聚焦学习。指导学生采用成功的在线学习策略是在线课程取得成功的最重要因素。下列材料为在线学习提供了一个理论和实践方向。

[1] 贝茨,普尔:《高等教育中的有效教学技术:成功的基础》[Bates, A. W. & Poole, G. (2003). Effective teaching with technology in higher education: Foundation for success. San Francisco: Jossey-Bass]

[2] 邦克,格拉曼:《混合学习手册:全球视角或本土设计》[Bonk, C. J. & Graham, C. R. (2006). Handbook of blended learning: Global perspectives/local designs. San Francisco: Wiley]

[3] 奇克林,埃尔曼:《落实七项原则:以技术为杠杆》[Chickering, A. W. & Ehrmann, S. C. (1996). Implementing the seven principles: Technology as a lever. AAHE Bulletin. (pp. 3-6). http://www.tltgroup.org/programs/seven.html]

[4] 康拉德,唐纳森:《在线学习者的学习投入:创造性教学的活动与资源》[Conrad, R. M. & Donaldson, J. A. (2004). Engaging the online learner: Activities and resources for creative instruction. San Francisco: Jossey-Bass]

[5] 麦迪根:《有技术素养的教师:我们做到了吗?》[Madigan, D. (2006, March). The technology literate professoriate: Are we there yet? (IDEA Paper No.43). Manhattan: KansasStateUniversity, IDEA Center. Retrieved December31, 2006, from http://www.idea.k-state.edu/papers/Idea_Paper_43.pdf]

[6] 全国大学书店协会和美国出版协会:《大学社区版权问答》[National Association of College Store & the Association of American Publishes. (2007). Questions and answers on copyright for the campus community. New York: Author]

## 学习和学习动机

本部分所列参考读物综合了认知、学习和动机方面的最新研究成果,引导读者理解课程和教学过程的研究含义。

[1] 布兰斯福德,布朗,科金:《人们如何学习:大脑、心智、经验和学校》[Bransford, J., Brown, A. L. & Coking, R. (Eds.). (2000). How people learn: Brain, mind, experience, and school.

Washington, DC: National Academies Press]

[2] 李姆森:《对教与学的思考:培养大学新生的学习习惯》[Learnson, R. (1999). Thinking about teaching and learning: Developing habits of learning with first year college and university students. Sterling, VA: Stylus]

[3] 苏萨:《大脑如何学习》[Sousa, D. A. (2001). How the brain learns. Thousand Oaks, CA: Corwin Press]

[4] 斯文尼奇:《中学后学校课堂的学习与动机》[Svinicki, M. (2004). Learning and motivation in the postsecondary classroom. Bolton, MA: Anker]

[5] 祖尔:《改变大脑的艺术:通过探索学习的生物学丰富教学实践》[Zull, J. E. (2002). The art of changing the brain: Enriching the practice of teaching by exploring the biology of learning. Sterling, VA: Stylus]

# 学生差异

社会与文化的差异会影响学生在大学环境中的学习准备、学习期望和学习需求。本部分所列参考读物将有助于你理解学生学习与发展的多种模式,这些模式影响了学生对学习情境的反应。这些参考读物将有助于你引导学生努力去了解自己独特的学习方式。因为个体差异的主题涉及了大量的变量,所以我们对每一本读物都做了简要的说明。

[1] 贝伦基,克林奇,戈德伯格,泰鲁乐:《女性的学习方式:自我、语言与智力的发展》[Belenky, M. F., Clinchy, B. M., Goldberger, N. R. & Tarule, J. M. (1986). Women's ways of knowing: The development of self, voice, and mind. New York: Basic Books]

作为本领域的经典之作,该书阐释了智力与道德的发展在学生思维发展中的地位或视角。贝伦基和她的同事认为,由于价值取向不同,男人和女人有着不同的智力发展线路。

[2] 埃里克森、斯特罗默:《大学新生教学》[Ericksen, S. C. & Strommer, D. W. (1991). Teaching college freshmen. San Francisco:

Jossey-Bass]

借助大学新生学习的相关研究,作者为大学一年级新生的教学和学术支持问题提供了实践指南。大学第一年是学生发展的关键期。他们考察了学生多样化的教育背景、学习风格、学习期望、教育目标和价值观。在明确学生各种焦虑、习惯和能阻碍学习进步的臆想因素基础上,他们提出了克服这些障碍的策略。

[3] 加德纳:《多元智力:新视野(第2版)》[Gardner, H. (2006). Multiple intelligences: New horizons. (2nd ed.). New York: Basic Books]

加德纳对人们如何学习的创新性分析,揭示了智能的多种类型,为教师达到使学生的学习和投入最大化而创立的各种相关教学策略,奠定了理论基础。加德纳建议,在学习机会开始之时,教师要创设几种可用的教学切入点,随着时间的推移,具有不同智能组合的学生都有适当的机会发现与自己相关的有意义的学习方式。

[4] 弗里德曼,科尔玛,弗林特,罗森伯格:《创设包容性课堂:新泽西项目的教学资料读物》[Friedman, E. G., Kolmar, W. K., Flint, C. B. & Rothenberg, P. (Eds.). (1996). Creating an inclusive classroom: A teaching sourcebook from the New Jersey Project. New York: Teachers College Press]

本书收集了40多份有创见的课程实施大纲、教学资料和反思文章。这些资料旨在推动大学课程的发展,使之更具包容性、无性别歧视、无种族歧视和多元文化的特色。

[5] 科尔布:《学习风格分类》[Kolb, D. A. (1985). Learning style inventory. Boston: McBer]

基于学习的经验模型,作者建立了一个学习周期。学习周期分四个阶段——具体经验、反思性观察、抽象概念化和主动试验——每个阶段要求获得不同的信息和学习不同的技能。

[6] 佩里:《学生大学阶段智力和道德发展的形式》[Perry, W. G., Jr. (1970). Forms of intellectual and ethical development in the college years. San Francisco: Jossey-Bass]

本书是对本科课程阶段的哈佛大学学生(全是白人男性)的发展性研究。

[7] 沃尔德考斯基,金斯伯格:《多样化和动机:教学中的文化回应》[Wlodkowski, R. J. & Ginsberg, M. B. (1995). Diversity and mo-

tivation: Culturally responsive teaching. San Francisco: Jossey-Bass]

本书提出了有关如何有效开展跨学科和跨文化教学的指导和建议。作者创设了一个动机框架,用于分析中学后教育背景中,学生对教学反应的文化影响。作者描述了建立包容性、增进学习意义和发展学生能力所必需的学习策略和结构。通过对课程实施大纲的分析显示,课程实施大纲与学生对教学反应的文化影响,在规范、程序和结构上是一致的,这也是改进教学的可能之处。

## 与课程实施大纲建设有关的在线资源

由教师专业发展中心和学院与学校教学助理整理的网络资源,为教和学提供了最新的创新性建议、范本和观念。本部分所列的资源是一些特别有用的文献,能为你开发课程实施大纲提供支持。

[1] 亚利桑那州立大学卓越教学和学习中心:《课程实施大纲设计》[Arizona State University, Center for Learning and Teaching Excellence, Syllabus design, http://www.asu.edu/upfd/syllabus]

[2] 布朗大学谢里登教学和学习中心:《课程实施大纲建设》[Brown University, Sheridan Center for Teaching and Learning. Constructing a syllabus, http://www.brown.edu/Administration/Sheridan_Center/publications/syllabus.html (prepared by Michael J. V. Woolcock)]

[3] 杜肯大学卓越教学中心:《课程实施大纲清单》[Duquesne University, Center for Teaching Excellence, Syllabus checklist, http://www.cte.duq.edu/resources/TchInstruction/eResources/syllabuschecklistrev.html (prepared by Laurel Willingham-McLain)]

[4] 爱荷华州立大学教学和学习中心:《以学习为中心的课程实施大纲工作坊》[Iowa State University, Center for Teaching and Learning, Learning-centered syllabi workshop, http://www.cte.iastate.edu/tips/syllabi.html (prepared by Lee Haugen)]

[5] 纳弗:《创建更好的课程实施大纲简介》(Nuhfer, E. Nutshell. notes: Building a better syllabus, http://profcamp.tripod.com/nnbooTmasteR.pm.pdf)

[6]帕克大学:《课程实施大纲的创建》(Park University. Creating a syllabus, http://www.park.edu/cetl/quicktips/)

[7]圣爱德华大学(得克萨斯州奥斯汀)卓越教学中心:《课程实施大纲建设》[St. Edward's University (Austin, TX), Center for Teaching Excellence. Syllabus construction, http://www.stedwards.edu/cte/content/view/1517/49]

[8]马萨诸塞大学洛厄尔分校教师教学中心:《以学习为中心的教学》(University of Massachusetts Lowell, Faculty Teaching Center. Learning-centered teaching, http://www.uml.edu/centers/FTC/Ict.html)

[9]密苏里大学圣路易斯分校教与学中心:《课程实施大纲的基本要素》[University of Missouri-St. Louis, Center for Teaching and Learning. Essential elements of a syllabus, http://www.umsl.edu/services/ctl/instr_support/tchng_res.html (prepared by Margaret W. Cohen and updated in 2007)]

[10]西伊利诺伊大学教务长办公室:《课程实施大纲》(Western Illinois University, Provost's Office. Course syllabus, http://www.wiu.edu/users/miprov/facpol/acad/syllabus.htm)

## 教学档案

以学习为中心的课程实施大纲,是你教学创新和教学质量重大改进的证据,也是你教学档案的重要文档。本部分所列参考读物可以为你创建和使用教学档案提供指导。

[1]伯恩斯坦,伯内特,古德伯恩,萨沃里:《保存教和学的证据:课程档案和教学同行评审》[Bernstein, D., Burnett, A. N., Goodburn, A. & Savory, P. (2006). Making teaching and learning visible: Course portfolios and the peer review of teaching. Bolton, MA: Anker]

[2]塞尔丁编:《教学档案:有关提高教学绩效、完善教学文档、为晋升或获得终身教职提供依据的实用指南(第三版)》[Seldin, P. (2004). The teaching portfolio: A practical guide to improved performance and promotional/tenure decisions (3rd ed.). Bolton, MA:

Anker]

［3］塞尔丁和合作者:《教学档案的成功使用》[Seldin，P. & Associates. (1993). Successful use of teaching portfolios. Bolton，MA：Anker]

［4］苏比萨雷塔:《学习档案：改进学生学习的反思性实践》[Zubizarreta，J. (2004). The learning portfolio：Reflective practice for improving student learning. Bolton，MA：Anker]

# 参 考 文 献

[1] Albers,C. (2003). Using the syllabus to document the scholarship of teaching. Teaching Sociology, 31, 60-72.

[2] Angelo, T. A. & Cross, K. P. (1993). *Classroom assessment techniques: A handbook for college teachers*. San Francisco: Jossey-Bass.

[3] Association of American Colleges and Universities. (2002). *Greater expectations: A new vision for learning as a nation goes to college*. Retrieved June 16,2007, from http://greaterexpectations. org

[4] Association of College & Research Libraries. (2006). *Standards and Guidelines*. Retrieved January 1, 2007, from http://www. ala. org/acrl/guides

[5] Bain,K. (2004). *What the best college teachers do*. Cambridge, MA: Harvard University Press.

[6] Banta, T. W. , & Kuh, G. D. (1998). A missing link in assessment: Collaboration between academic and student affairs professional. Change, 30(2), 40-46.

[7] Barkey,E. F. , Cross,K. P. , & Major,C. H. (2005). *Collaborative learning techniques: A handbook for college faculty*. San Francisco: Jossey-Bass.

[8] Baron, L. (2001, August). Why information literacy?: Empowering teachers and students in the classroom and beyond. Advocate Online, 18(8). Retrieved June 21, 2007, from http://www2. nea. org/he/advo01/advo0108/front. html

[9] Barr, R. B., & Tagg, J. (1995). From teaching to learning: A new paradigm undergraduate education. Change, 27(6), 12-25.

[10] Bauerlein, M. (2006, January 6). A very long disengagement. *Chronicle of Higher Education*, pp. B6-B8.

[11] Bean, J. C. (1996). Engaging ideas: *The professor's guide to integrating writing, critical thinking, and active learning in the classroom*. San Francisco: Jossey-Bass.

[12] Beichner, R. (2006, January 30). *Making the case for interaction*. Paper presented at the annual meeting of the Educause Learning Initiative, San Diego, CA. Retrieved November 23, 2007, http://www.educause.edu/ir/library/pdf/ELI0602.pdf

[13] Black, B. (1998). Using the SGID method for a variety of purposes. In M. Kaplan (Ed.), *To improve the academy: Resources for faculty, instructional, and organizational development* (Vol. 17, pp. 245-262). Stillwater, OK: New Forums Press and the Professional and Organizational Development Network in Higher Education.

[14] Bonwell, C. C. & Eison, J. A. (1991). *Active learning: Creating excitement in the classroom* (ASHE-ERIC Higher Education Report No. 1). Washington, DC: The George Washington University, School of Education and Human Development.

[15] Bozik, M. & Tracey, K. (2002). Fostering intellectual development in a learning community: Using an electronic bulletin board. In P. Comeaux (Ed.), *Communication and collaboration in the online classroom* (pp. 207-225). Bolton, MA: Anker.

[16] Bransford, J. D., Brown, A. L. & Cocking, R. R. (Eds.). (2000). *How people learn: Brain, mind, experience, and school*. Washington, DC: National Academies Press.

[17] Brown, A., L., Ash, D., Rutherford, M., Nakagawa, K., Gordon, A. & Campione, J. C. (1993). Distributed expertise in the classroom. In G. Salomon (Ed.), Distributed cognitions: Psychological and educational considerations. Cambridge, England: CambridgeUniversity Press.

[18] Byington, E. (2002). Communicating: The key to success in an

online writing and reading course. In P. Comeaux (Ed.), *Communication and collaboration in the online classroom* (pp. 192-206). Bolton, MA: Anker.

[19] Carlson, S. (2005, October7). The Net generation in the classroom. *Chronicle of Higher Education*, pp. A34-A37.

[20] Chickering, A. W. & Gamson, Z. F. (1987). Seven principles for good practice in undergraduate education. *AAHE Bulletin*, 39(7), 3-7.

[21] Chism, N. V. N. (1998). Developing a philosophy of teaching statement. *Essays on Teaching Excellence*, 9(3), 1-2. Professional and Organizational Development Network in Higher Education. Retrieved June 17, 2007, http://ftad.osu.edu/portfolio/philosophy/Phiilosophy.html

[22] Colby, A., Ehrlich, T., Beaumont, E. & Stephens, J. (2003). *Educating citizens: Preparing America's undergraduates for lives of moral and civic responsibility*. San Francisco: Jossey-Bass.

[23] Collins, T. (1997). For openers... An inclusive syllabus. In W. F. Campbell & K. A. Smith (Eds.), *New paradigms for college teaching* (pp. 79-102). Edina, MN: Interaction Book.

[24] Copyright Act of 1976, Pubic Law 94-553, 94th Cong. (August19, 1976).

[25] Davis, B. G. (1993). *Tools for teaching*. San Francisco: Jossey-Bass.

[26] Davis, J. R. (1993). *Better teaching, more learning: Strategies for success in postsecondary setting*. Phoenix, AZ: American Council on Education and Oryx Press.

[27] Dembo, M. H. (2004). *Motivation and learning strategies for college success: A self-management approach* (2nd ed.). Mahwah, NJ: Erlbaum.

[28] Donovan, M. S., & Bransford, J. D. (2005). *How students learn: History, mathematics, and science in the classroom*. Washington, DC: National Academies Press.

[29] Downing, S. (2005). *On course: Strategies for creating success*

*in college and in life*. Boston: Houghton Mifflin.

[30] Fink, L. D. (2003). *Creating significant learning experiences: An integrated approach to designing college courses*. San Francisco: Jossey-Bass.

[31] Finkle, D. (2000). *Teaching with your mouth shut*. Portsmouth, NH: Heinemann.

[32] Goodyear, G., & Allchin, D. (1998). *Statements of teaching philosophy*. Retrieved June17,2007, from http://sunconference.utep.edu/CETaL/resources/stofteach.html

[33] Groccia, J. (1997, May/June). The student as customer versus the student as learner. *About Campus*, 31-32.

[34] Harris, M. & Cullen, R. (2007, May). Civic engagement and curricular reform. *National Teaching and Learning Forum*, 16(4), 4-6.

[35] Heiman, M. & Slomianko, J. (2003). *Learning to learn: Thinking dkilld for the 21st century* (10th ed.). Cambridge, MA: Learning to Learn.

[36] Huba, M. E. & Freed, J. E. (2000). *Learner-centered assessment in college campuses: Shifting the focus from teaching to learning*. Boston: Allyn & Bacon.

[37] Jensen, E. (2000). *Teaching with the brain in mind*. Washington, DC: Association for Supervision and Curriculum Development.

[38] Kuh, G. D. (2003). What we're learning about engagement from NSSE: Bookmarks for effective educational practices. *Change*, 35(2), 24-32.

[39] Kuh, G. D. (2007, June 15). How to help students achieve. *Chronicle of Higher Education*, pp. B12-13.

[40] Kuh, G. D., Kinzie, J., Schuh, J. H., Whitt, E. J. & Associates. (2005). *Student success in college: Creating conditions that matter*. San Francisco: Jossey-Bass.

[41] Kurfiss, J. G. (1988). *Critical thinking: Theory, research, practice and possibilities* (ASHE-ERIC Higher Education Report No. 2). Washington, DC: Association for the Study of

Higher Education..

[42] Lough, J. R. (1997). The Carnegie professors of the year: Models for teaching success. In J. Roth (Ed.), *Inspiring teaching: Carnegie professors of the year speak*. Bolton, MA: Anker.

[43] Marton, F., Hounsell, D. & Entwistle, N. J. (1997). *The experience of learning* (2nd ed.). Edinburgh, Scotland: Scottish Academic Press.

[44] McCormick, A. & Zhao, C. (2005). *Rethinking and reframing the Carnegie classification Change*, 37(5), 52-57.

[45] McGuire, S. Y. & Williams, D. A. (2002). The millennial learner: Challenges and opportunities. In D. Lieberman (Ed.), *To improve the academy: Resources for faculty, instructional, and organizational development* (Vol. 20, pp. 185-196). Bolton, MA: Anker.

[46] Millis, B. J. & Cottell, P. G. (1998). *Cooperative learning for higher education faculty*. Phoenix: American Council on Education and Oryx Press.

[47] Nilson, L. B. (2002). The graphic syllabus: Shedding a visual light on course organization. In D. Lieberman (Ed.), *To improve the academy: Resources for faculty, instructional, and organizational development* (Vol. 20, pp. 238-259). Bolton, MA: Anker.

[48] Nilson, L. B. (2003). *Teaching at its best: A research-based resource for college instructors* (2nd ed.). Bolton, MA: Anker.

[49] Noyd, R. K. (2004, Spring). Notetakers, content, and effective instruction: Pros, cons, what works, and what doesn't. *USAFA Educator*, 12(2), 4-5.

[50] Nuhfer, E. & Knipp, D. (2003). The knowledge survey: A tool for all reasons. In D. H. Wulff & J. D. Nyquist (Eds.), *To improve the academy: Resources for faculty, instructional, and organizational development* (Vol. 21, pp. 50-78). Stillwater, OK: New Forums Press. Retrieved June 22, 2007, from http://www.isu.edu/ctl/facultydev/KnowS_files/KnowS.htm

[51] Oblinger, D. G. (2003, July/August). Boomers, gen-Xeres,

and Millennians: Understanding the "new students". *Educause Review*, 38(4), 36-40, 42, 44-45.

[52] Oblinger, D. G. & Hawkins, B. L. (2005, July/August). IT myths: The myth about e-learning. *Educause Review*, 40(4), 14-15.

[53] Oblinger, D. G. & Oblinger, J. (2006). Is it age or IT? First steps toward understanding the Net generation. *California School Library Association Journal*, 29(2), 8-16.

[54] Ouimet, J. (2007, October 16-17). *Engagement: A CLASSE act*. Paper presented at the Regional NSSE Users Workshop, University of Nevada, Reno.

[55] Polyson, S., Saltzberg, S. & Godwin-Jones, R. (1996, September). A practical approach to teaching with the World Wide Web. Syllabus, 12-16.

[56] Redmond, M. V. & Clark, D. J. (1982). A practical approach to improving teaching. *AAHE Bulletin*, 34(6), 8-10.

[57] Rhem, J. (1995). Deep/surface approaches to learning: An introduction. *National Teaching and Learning Forum*, 5(1), 1-4.

[58] Rhem, J. (2007). CLASSE-The missing link? *National Teaching and Learning Forum*, 16(4), 1-3.

[59] Rocheleau, J. & Speck, B. W. (2007). *Rights and wrongs in the college classroom: Ethical issues in postsecondary teaching*. Bolton, MA: Anker.

[60] Seldin, P. (1998). How colleges evaluate teaching: 1988 vs. 1998. *AAHE Bulletin*, 50(7), 3-7.

[61] Seldin, P. (2004). *The teaching portfolio* (3rd ed.). Bolton, MA: Anker.

[62] Seldin, P. (2007, April 13). *Evaluating college teaching: New lessons learned*. Paper presented at Lilly-East Conference on College and University Teaching, University of Delaware, Newark, DE.

[63] Shulman, L. S. (2004). From idea to prototype: Three exercises in peer review. (Originally published 1995). In *Teaching as*

*community property*: *Essays on higher education*. San Francisco: Jossey-Bass.

[64] Silberman, M. (1996). *Active learning*: 101*strategies to teach any subject*. Des Moines, IA: Prentice Hall.

[65] Smallwood, R. (2007, October 16-17). CLASSE: *A measure of student engagement at the classroom level*. Paper presented at the Regional NSSE Users Workshop, University of Nevada, Reno.

[66] Smith, R. M., & Stalcup, K. A. (2001). Technology consulting: Keeping pedagogy in the forefront. In K. G. Lewis & J. T. P. Lunde (Eds.), *Face to face*: *A sourcebook of individual consultation techniques for faculty/instructional developers* (pp. 227-245). Stillwater, OK: New Forums Press.

[67] Strauss, W. & Howe, N. (2005, october21). The high cost of college: An increasingly hard sell. *Chronicle of Higher Education*, p. B24. Retrieved July 8, 2007, from http://chronicle.com/weekly/v52/i09/09b02401.htm

[68] Streck, P. (2007). If you only had your students for a week, what would you want them to learn? PartI. *National Teaching and Learning Forum*, 16(4), 8-9.

[69] Svinicki, M. D. (2004). *Learning and motivation in the postsecondary classroom*. Bolton, MA: Anker.

[70] Tagg, J. (2003). *The learning paradigm college*. Bolton, MA: Anker.

[71] Weimer, M. (2002). *Learner-centered teaching*: *Five key changes to practice*. San Francisco: Jossey-Bass.

[72] Wiggins, G. & MaTighe, J. (2005). *Understanding by design* (2nd ed.). Alexandria, VA: Association for Supervision and Curriculum Development.

[73] Wilhite, M. S., Lunde, J. T. P. & King, J. W. (2001). Consultation for distance teaching. In K. G. Lewis & J. T. P. Lunde (Eds.), *Face to face*: *A sourcebook of individual consultation techniques for faculty/instructional developers* (pp. 247-272). Stillwater, OK: New Forums Press.

[74] Windham, C. (2007, May/June). Confessions of a podcast junkie. *Education Review*, 51-65.

[75] Wlodkowski, R. J. & Ginsberg, M. B. (1995). *Diversity and motivation: Culturally responsive teaching*. San Francisco: Jossey-Bass.

[76] Worral, P. & Kline, B. (2002). Building a communications learning community. In P. Comeaux (Ed.), *Communication and collaboration in the online classroom* (pp. 226-241). Bolton, MA: Anker.

[77] Wulff, D. H. & Nyquist, J. D. (1986). Using qualitative methods to generate date for instructional development. *To improve the academy: Resources for faculty, instructional, and organizational development* (Vol. 5). Stillwater, OK: New Forums Press, 37-46.